# 구원의 근본 진리

성경이 말하는 참 구원의 길

국립중앙도서관 출판시도서목록(CIP)

구원의 근본 진리 / 지은이: 에드워드 데넷 ; 옮긴이: 이종수. -- [서울] : 형제들의집, 2013
  p. ;   cm. -- (애드워드 데넷 선집 ; 1)

원표제: Fundamental Truths of Salvation
원저자명: Edward Dennett
영어 원작을 한국어로 번역
ISBN 978-89-93141-61-0 03230 : ₩6000

구원론[救援論]

231.4-KDC5
234-DDC21                               CIP2013024013

# 구원의 근본 진리

## 성경이 말하는 참 구원의 길

에드워드 데넷 지음 | 이종수 옮김

형제들의 집

| | | |
|---|---|---|
| 저자 서문 | | .. 7 |
| 제 1장 ● 영혼의 각성 | | .. 9 |
| 제 2장 ● 하나님 앞에 서있는 인간의 상태 | | .. 15 |
| 제 3장 ● 그리스도의 피 | | .. 22 |
| 제 4장 ● 거듭남 | | .. 31 |
| 제 5장 ● 하나님과의 화평 | | .. 47 |
| 제 6장 ● "내가 어떻게 하여야 구원을 받으리이까?" | | .. 60 |
| 제 7장 ● 흔히 제기되는 질문들 | | .. 73 |
| 제 8장 ● 영적 해방 | | .. 95 |
| 제 9장 ● 성령의 내주 | | ..111 |
| 제 10장 ● 신분과 책임 | | ..124 |
| 제 11장 ● 주의 재림 | | ..137 |
| 제 12장 ● 심판 | | ..149 |
| 저자 소개 | | ..162 |

이 책은 영적으로 각성되었을 뿐만 아니라 성령님에 의해서 다시 살리심을 받은 사람들의 필요를 충족시키려는 목적에서 준비되었습니다. 따라서 가능한 단순하면서도 선명하게 성경에서 말하고 있는 「구원의 길」을 설명하고자 합니다.

- 에드워드 데넷

## 저자 서문

　이 책은 영적으로 각성되었을 뿐만 아니라 성령님에 의해서 다시 살리심을 받은 사람들의 필요를 충족시키려는 목적에서 준비되었습니다. 따라서 가능한 단순하면서도 선명하게 성경에서 말하고 있는 「구원의 길」을 설명하고자 합니다. 이러한 목적을 달성하기 위해서 때로는 반복되는 부분도 더러 있을 터인데, 이는 본 주제를 보다 선명하게 하려는 목적에서 그렇게 한 것입니다. 그럼에도 필자는 독자들로 하여금 "세상 죄를 지고 가는 하나님의 어린양"을 바라보도록 하는 일만으로는 만족할 수 없었기에, 목차가 보여주는 것처럼 성경에서 말하고 있는 구원의 근본적인 가르침을 추가했습니다. 어쩌면 이 책은 그리스도 안에 있는 어린아이들을 위한 초보적인 교훈에 불과할지도 모릅니다. 그래서 어떤 사람들은 여기에 몇 가지 다른 주제들을 포함시키고 싶어 할 수도 있습니다. 하지만 보다 수준 높은 진리들을 다루는 책들은 이미 많이 출간되어 있기에, 참고하시면 될 것입니다.

이 책을 읽는 독자들은 모든 내용을 성경과 비교해보시길 바랍니다. 그렇게 한다면 이 책을 읽는 중에도 하나님의 성령께서는 "너희 영혼을 능히 구원할 바 마음에 심어진 말씀을 온유함으로" (약 1:21) 받을 수 있도록 해주실 것입니다. 주께서 자기 영광을 위하여 이 소책자를 사용해주시길 기도합니다. 주의 영광을 위한 것이 아니라면, 이 책을 쓴 필자의 수고나 이 책을 읽는 독자의 수고가 모두 헛된 일이 될 것이기 때문입니다.

에드워드 데넷, 블랙히쓰, 1875년 11월

# 제 1장 영혼의 각성

　이 장은 자신의 영적 사망의 상태를 깨닫고 거기에서 벗어나고 픈 열망을 가진 사람들의 필요를 채우려는 목적에서 준비되었습니다. 영적으로 각성된 상태에 있는 사람들의 가장 큰 관심은 어떻게 하면 하나님과의 화평을 누릴 수 있는가에 있습니다. 그들의 상태를 굳이 표현하자면 영혼이 각성되었다고 말할 수 있습니다. 이러한 상태에 있는 사람들은 셀 수 없이 많습니다. 특히 하나님의 은혜의 복음이 널리 전파되고 있는 요즘, 이러한 상태에 있는 사람들을 많이 볼 수 있습니다. 이 사람들은 "우리가 무엇을 하여야 구원을 받을 수 있을까?" 하고 강렬하게 부르짖는 상태에 도달해 있습니다. 이들은 외적으로는 고요하고 차분한 태도를 가지고 있는 듯 보이지만, 속으로는 영혼의 극심한 고통을 겪고 있습니다. 감정의 굴곡과 강도(强度)는 사람마다 또는 그 사람이 처한 환경에 따라 달리 나타날 수 있습니다. 그래서 어떤 사람에겐 간절한 열망으로, 또 어떤 사람에겐 마음과 영혼의 고통으로 나타나고 있습니다. 심지어 어떤 사람에겐 영혼의 고뇌로 나타나기도 합니다. 감정의 굴곡에 따라서, 다소간, 자신이 하나님 앞에서 유죄상태임을 느끼기도 하고 또는 하나님에게서 멀리 떨어져 있다는 자괴감이 일어나기도 합니다. 죄에 대한 슬픈 마음이 일어나면서 하나님의 용서를 구하고 싶은 마음과 화해를 구하는 마음이 미약하나마 함께 일어나기도 합니다. 다른 말로 해서, 자신을 판단하는 자리에 앉아 있으며, 또한 하나님 앞에서 엎드린 상태에 있습니다. 그렇다면 매우 실제적으로 영혼이 각성된 상태에 있는 것입니다. 이러한 마음, 또는 영혼의 상태는 오직 하나님의 성령에 의해서만 일어날 수 있습니다.

이처럼 영혼의 각성상태를 일으킬 수 있는 도구는, 이런 저런 형태로 영혼에 닿은 하나님의 말씀입니다. 이것이 항상 명확한 것은 아닙니다. 때로는 찬송가 가사일 수도 있고, 때로는 다른 사람이 제기한 단순한 질문일수도 있고, 때로는 누군가의 기도가 불현듯 떠오르는 것일 수도 있고, 때로는 복음 설교자의 호소일수도 있습니다. 이 모든 것들이 영혼을 관통하는 화살처럼 사용되어 적절한 때에 영혼을 각성시키는 것입니다. 그럼에도 이 모든 경우, 실제적으로 역사한 것은 다양한 형태의 옷을 입은 하나님의 말씀입니다. 그리고 성령님은 이 말씀을 사용해서 무심한 영혼을 일깨우는 일에 사용하십니다. 하나님의 말씀은, 우리가 아는 한, 이러한 목적으로 하나님이 사용하시는 유일한 무기입니다. 하나님은 "전도의 미련한 것으로 믿는 자들을 구원하시기를 기뻐하셨습니다.]" (고전 1:21) 따라서 사도 바울은 "우리는 십자가에 못 박힌 그리스도를 전하니 유대인에게는 거리끼는 것이요 이방인에게는 미련한 것이로되 오직 부르심을 받은 자들에게는 유대인이나 헬라인이나 그리스도는 하나님의 능력이요 하나님의 지혜니라" (고전 1:23,24) 고 말했습니다.

이에 대한 몇 가지 사례들을 사도행전에서 모을 수 있습니다. 오순절 우리는 설교하는 베드로를 볼 수 있습니다. 베드로는 십자가에 못 박히셨으나 다시 살아나사 하나님의 우편에까지 높이 되신 그리스도를 전파했습니다. 그러자 청중들은 하나님이 죽은 자들 가운데서 다시 살리신 분을 거절하고 십자가에 못 박은 죄에 대해서 책망을 받았고 마음에 찔림을 받았습니다.

"그런즉 이스라엘 온 집은 확실히 알지니 너희가 십자가에 못 박은 이 예수를 하나님이 주와 그리스도가 되게 하셨느니라 하니라 **그들이 이 말을 듣고 마음에 찔려** 베드로와 다른 사도

들에게 물어 이르되 형제들아 우리가 어찌 할꼬 하거늘"(행 2:36,37)

사도 바울이 회심한 경우를 보면, 그는 매우 특별하고도 기이한 방법으로 구주의 발 아래 엎드렸습니다. 사도 바울은 말씀의 전파에 의한 것이라기 보다는 영광 중에 계신 그리스도를 계시적인 방법으로 본 것 때문에 회심할 수 있었습니다. 벨릭스의 경우를 보면, 그는 사도 바울이 "의와 절제와 장차 오는 심판을 강론"(행 24장)했을 때 두려움에 떨었습니다. 비록 이 경우 효과는 일시적인 것으로 보여도, 여전히 영혼에 임한 하나님의 말씀의 능력을 보여주고 있습니다. 빌립보 간수의 경우는 언뜻 보기에는 예외적인 사례로 보이지만, 바울과 실라가 구금되어 있던 그 날 밤 일어난 초자연적인 사건은 그의 영혼에 극도의 긴장감을 일으켰으며, 이 일은 분명 그가 오래 전에 들었던 복음 메시지에 그의 마음과 양심이 강렬하게 반응하게 해주는 수단이었습니다. 이런 일은 오늘날에도 종종 일어납니다.

갑작스러운 질병이나 위험스러운 일, 사망 선고 등은 성령의 능력 아래서, 그동안 자신이 소홀히 하고 무시했던 복음 메시지나 경고 등에 귀를 기울이게 하는 효과를 발휘하게 해줍니다. 자신을 향한 하나님의 진노를 생각나게 해서 사람의 영혼을 두려움으로 떨게 만들고, 자비를 바라며 부르짖게 만듭니다.

그러므로 영혼이 각성된 상태를 보는 곳마다, 우리가 이미 살펴본 대로, 영혼의 두려움을 보는 곳마다, 우리는 이러한 영혼의 각성 상태가 성령님이 하나님의 말씀을 사용해서 일으킨 역사임을 확신할 수 있습니다. 그렇다면 이 책은 딱 이러한 영혼의 상태에 이른 사람들에게 꼭 필요한 책입니다. 사랑하는 독자여, 당신은 성경에서 말하는 대로 구원을 얻기 위하여 이러한 각성 상태에 이르렀습니까? 당신은 진정 죄를 깨달았으며, 이제 하나님과의 화평에 이르는 길을 알고 싶은 것이 당신 영혼의 갈망입니까?

만일 당신의 영혼이 그러한 상태에 있다면, 이제 성령의 음성에 귀를 기울이시기 바랍니다. 성령께서 일으키신 죄에 대한 각성 또는 사소한 일처럼 느껴지는 지나간 일에 대한 죄책감 등이 일어난다면, 거기에 반응하십시오. 그냥 지나치지 마십시오. 하나님은 당신을 은혜로 대하십니다. 그렇다면 당신에겐, "*지금은* 은혜 받을 만한 때요 보라 *지금은* 구원의 날"(고후 6:2)인 것입니다. 당신 영혼 속에 평안이 없는 지금 평안을 부르짖지 않는다면, 당신 영혼의 상처를 치유할 수 있는 것은 복음의 말씀 외에는 다른 치료책이 없다는 것을 아시기 바랍니다. 당신의 경우엔 매우 희망적일 수 있습니다. 하나님께서 구원을 바라는 갈망을 당신 영혼 속에 일으키신 후에 보내는 메시지는 "너희는 하나님과 화목하라"(고후 5:20)는 것입니다. 하나님은 이렇게 말씀하십니다. "하나님이 세상을 이처럼 사랑하사 독생자를 주셨으니 이는 그를 믿는 자마다 멸망하지 않고 영생을 얻게 하려 하심이라"(요 3:16) 그렇다면 하나님 앞에서 당신에게 간청합니다. 이어지는 내용들을 마음을 다해서 기도하면서 읽으시기 바랍니다. 그리하면 성경에 계시된 구원의 길을 발견하실 수 있습니다. 하나님께서 친히 역사하셔서 그리스도를 믿는 믿음을 통해서 평안에 들어가는 길을 알게 해주시길 간구합니다!

# 제 2장 하나님 앞에 서있는 인간의 상태

　영적으로 각성된 상태에 있는 영혼이 배울 필요가 있는 첫 번째 내용은, 하나님 앞에서 자신의 자리와 상태에 대한 것입니다. 즉 하나님의 말씀을 통해서 자신에 대한 바른 인식을 가질 필요가 있습니다. 자신의 실제 상태에 대해서 무지하거나 계속해서 속임을 당하고 있는 한, 그러한 사람들은 하나님의 은혜를 통해서 구원을 받는 일은 점점 멀어질 것입니다. 따라서 자기 자신에 대한 하나님의 증거를 이해하고 받아들이기 전까지, 그들은 하나님의 아들에 대한 하나님의 증거를 받아들이긴 어렵습니다. **분명 복음은**

*죄인들을 위한 것이고, 죄인들에게 선포되어야만 합니다.* 따라서 필자는 이 점을 영혼의 각성 상태에 이른 사람들에게 강조하고 싶습니다. 너무도 많은 사람들이 수개월, 혹은 수년 동안 의심과 고통 가운데 시간을 보내고 있습니다. 왜냐하면 그들은 자신의 진정한 상태를 알아내기 위해서 하나님의 말씀을 상고하는 대신에 자신의 마음을 살피고 있기 때문입니다. 그래서 하나님이 자신들에 대해서 말씀하시고 정하신 바른 자리에 서지 못하고 있습니다. "만물보다 거짓되고 심히 부패한 것은 [사람의] 마음"(렘 17:9)입니다. 반면에 하나님의 말씀만이 참되고 진실합니다(요 17:17). 따라서 우리는 반드시 말씀의 거울을 통해서 우리 자신의 진면목을 보아야 합니다.

 그렇다면 당신에 대한 - 혹은 모든 사람에 대한 - 하나님의 증거는 무엇일까요? 최악의 상황도 예상해야 합니다. 성경은 "한 사람으로 말미암아 죄가 세상에 들어오고 죄로 말미암아 사망이 들어왔나니 이와 같이 **모든 사람이 죄를 지었으므로** 사망이 모든 사람에게 이르렀느니라"(롬 5:12)고 말합니다. 게다가 "의인은 없나니 하나도 없으며 깨닫는 자도 없고 하나님을 찾는 자도 없고 다 치우쳐 함께 무익하게 되고 선을 행하는 자는 없나니 하나도 없도다 그들의 목구멍은 열린 무덤이요 그 혀로는 속임을 일삼으며 그 입술에는 독사의 독이 있고 그 입에는 저주와 악독이 가득하고 그 발은 피 흘리는데 빠른지라 파멸과 고생이 그 길에 있어 평강의 길을 알지 못하였고 그들의 눈 앞에 하나님을 두려워함이 없느니라  우리가 알거니와 무릇 율법이 말하는 바는 율법 아래에 있는 자들에게 말하는 것이니 이는 모든 입을 막고 온 세상으로 하나님의 심판 아래에 있게 하려 함이라"(롬 3:10-19)고 말하며, 또한 "**모든 사람이 죄를 범하였으매** 하나님의 영광에 이르지 못하더니"(23절)라고 말합니다. 또한 "성경이 모든 것을 죄 아래에 가두었으니"(갈 3:22)라고 말합니다. 따라서 성경의 증거에 따르면, 모든 사람은 하나님 앞에서 죄인일 뿐입니다. 당신은 이러한 성경의 증거를 받아들이시겠습니까?

  당신이 이 진술을 그저 통념상 인정하는가를 묻는 것이 아닙니다. 많은 사람들이 그저 지적인 동의로만 자신이 죄인임을 인정할 뿐이며, 다른 사람과 비교하는 마음으로 그래도 자신은 그 정도는 아니라는 식으로, 결국에는 자신의 죄인됨을 부인하는 것으로 결론을 내리고 맙니다. 요점은 바로 이것입니다. 즉 하나님은 모든 사람을 그분 앞에 동일한 입장에 두셨습니다. 그리고 하나님은 모든 사람을 죄인으로 선언하십니다. 하나님 앞에선 죄를 지은 정도나 죄에 대한 자각의 정도가 문제가 되지 않습니다. 차별이 없기 때문입니다. 그들의 상태, 성품이 어떠하던지, 심지어는 좋은 평판을 듣고 있어도 죄인은 죄인일 뿐 예외는 없습니다. 죄인에게는 아무런 소망도 없으며, 모두가 동일한 정죄 아래 있습니다. 모든 사람이 죄를 지었기 때문에 사망이 모든 사람에게 임했습니다. 죄의 삯은 사망입니다(롬 6:23). 다시 한번 묻고 싶습니다. 당신은 당신 자신에 대해서 이러한 하나님의 증거를 받아들일 수 있습니까? 과연 하나님 앞에서 자신을 판단해보고, 당신이 진정 죄에 대해서 의로운 심판을 행하시는 하나님의 심판 아래 있는 죄인이라는 사실을 인정하며, 하나님 앞에서 엎드리고자 합니까?

만일 그렇게 하지 못하겠거든, 잠시 멈추고 당신이 처한 상황이 얼마나 절망스러운 것인가를 다시 생각해보시길 간청합니다. 주 예수님은 친히 "내가 의인을 부르러 온 것이 아니요 죄인을 불러 회개시키러 왔노라"(눅 5:32)고 말씀하셨습니다. 그렇다면 죄인이 아닌 사람에겐 그리스도도, 구주도 필요 없게 됩니다. 잃어버린 죄인의 자리에 서기를 주저하거나 거절하는 한, 당신은 하나님의 은혜의 울타리 밖에 있으며, 복음 안에 담긴 자비에 대해서도 아무 상관이 없는 위치에 있는 것입니다. 하지만 만일 당신이 당신의 상태에 대한 성경의 증거를 받아들인다면, 우리는 이제 당신에게 "친히 나무에 달려 그 몸으로 우리 죄를 담당해[시고]"(벧전 2:24), 우리의 허물 때문에 찔리시고 우리의 죄악 때문에 상하셨으며(사 53:5), "하나님이 그의 피로써 믿음으로 말미암아 화목제물로 세우[신]"(롬 3:25) 분, 게다가 죄인의 자리를 대신하시고 또 죄인의 심판을 대신 받으심으로, 그분을 믿는 자마다 멸망하지 않고 영생을 얻게 하신 분(고후 5:21, 요 3:16)에 대해서 말할 수 있습니다.

죄인으로서 우리의 상태에 대한 것이, 이것이 전부가 아닙니다. 성경에 따르면 당신은 죄인일 뿐만 아니라 구원받지 못했기에 허물과 죄 가운데 죽어 있습니다(엡 2:1). 주 예수님은 신자에 대해서 사망에서 생명으로 옮겨간 사람으로 말씀하셨는데(요 5:24), 이로써 신자의 이전 상태는 영적으로 죽은 상태임을 알 수 있습니다. 그러므로 죄인은 죄로 인한 정죄(심판) 아래 있으며, 죄 가운데 죽어 있습니다. 그렇다고 해서 이 말이 죄인은 숨이 붙어 있지 않다는 뜻이 아닙니다. 분명 육체의 생명 가운데 살아 있습니다. 하지만 여기에 내포되어 있는 뜻은 죄로 말미암아 죄인은 하나님에게서 분리되어 있으며, 생명의 근원과 줄이 끊어져 있다는 것입니다. (오직 하나님만이 생명의 근원이십니다.) 결과적으로 죄인은 영적 사망의 상태에 있어서, 하나님을 향해 생명도 없고 생명의 능력도 발휘하지 못합니다. 이스라엘 민족을 통해서 하나님이 인간에 대해서 내리신 총체적인 결론은 "의인은 없다"는 것이었으며, 그들의 역사는 결국 하나님의 말씀이 진실하다는 것을 입증해주고 있습니다. 그렇다면 다시 한번 당신에게 묻고 싶습니다. 당신은 당신 자신에 대한 성경의 증거를 기꺼이 받아들이겠습니까?

사랑하는 독자여, 당신이 기꺼이 이러한 판결에 수긍하기 전까지는 당신의 상태가 얼마나 소망이 없는지를 알지 못할 것입니다. 사람들은 "살아있는 한 소망은 있다."고 말합니다. 그러한 말로써, 병상에 누어있는 가족이나 친지를 돌보는 사람의 마음을 위로하고자 하는 사람이 얼마나 많은지 모릅니다. 소망이 없음에도 소망하는 사람들은 끝이 가까이 온 것을 믿으려 하지 않으며, 마지막 숨을 거둘 때까지, 중환자실 호흡기의 마지막 비트음이 멎을 때까지 자신들이 죽음의 문턱에 있다는 사실을 믿기를 거절합니다. 이것은 죄인들에게도 마찬가지입니다. 심지어는 영적으로 각성되고, 갈망하는 영혼들에게도 이런 일은 일어납니다. 어쩌면 그들은 자신들이 죄인이며 또한 죄인들은 심판 아래 있다는 사실을 의심하지 않습니다. 그럼에도 그들은 자신의 상황이 아무 소망도 없으며, 자기 속에 생명의 능력이 전혀 없을 뿐만 아니라 회복과 개선의 능력도 없다는 것을 믿지 못합니다. 따라서 자신들이 전적으로 부패되었고 허물과 죄로 죽어 있으며, 잃어버린바 된 상태의 자리에 처해 있다는 것을 인정하려 들지 않습니다. 아! 그렇다면 그들은 어쩔 수 없이 하나님의 복에 대해서 문을 닫고 있으며, 거기서 돌아서서, 어쩌면, 앞으로 수년 동안 지치고 힘든 방황의 세월과 영적 갈등과 내적 투쟁의 시간을 보낼 수 밖에 없습니다. 왜냐하면 그러한 사람들은 사실은 자기 마음을 믿고 있기 때문입니다. 사실 하나님 보다 "자기의 마음을 믿는 자는 미련한" 사람입니다(잠 28:26). 따라서 우리는 성경의 증거 외에 다른 모든 것으로부터 우리의 눈을 돌려야 합니다. 왜냐하면 하나님 앞에서 나의 상태를 결정하는 것은 하나님이 선언하시는 내용이지, 내가 생각하는 것, 내가 느끼는 것, 심지어 내가 믿는 것이 아니기 때문입니다. 하나님만이 유일한 판단자이시고 심판자이십니다. 따라서 만일 하나님께서 죄인을 허물과 죄로 죽은 자라고 말씀하신다면, "사람은 다 거짓되되 오직 하나님은 참되시[기]"(롬 3:4) 때문에, 그것은 죄인으로서는 인정해야 하는 당연한 일입니다.

당신은 이제 당신에겐 생명도 없고 소망도 없다는 것을 믿으십니까? 만일 그렇지 않다면, 즉시 하나님의 판결을 받아들이시기 바랍니다. 당신이 만일 당신에 대한 하나님의 말씀의 진실을 인정하고 죄인의 자리에 앉게 되면, 그리고 죄를 향한 의로운 심판 아래 있음을 입술로 고백한다면, 곧 당신은 복된 자리에 앉게 될 것입니다. 그 자리는 하나님께서 자신의 무한한 은혜를 통해서 당신을 위해 마련한 자리입니다. 그 자리는 죄인의 구주이신 예수님을 요청하는 자리입니다. 그렇다면 즉시 하나님 앞에 무릎을 꿇고, 말할 수 없는 하나님의 사랑의 선물이신, 하나님의 아들을 당신의 구주로, 또한 구세주와 주님으로 영접하십시오.

# 제 3장 그리스도의 피

지금까지 강조한 대로 "구원을 열망하는 사람"은 자신들의 상태에 대한 하나님의 선언에 순복한 사람들입니다. 그러한 사람들의 관심은 죄 사함의 은총을 어떻게 받을 수 있는가에 있습니다. 죄책을 제거할 수 있는 유일한 방법은 그리스도의 피에 있습니다. 그래서 성경은 "*피 흘림이 없은즉 사함이 없느니라*"(히 9:22)고 말합니다. 그렇다면 이 말에는 그리스도의 죽음이 내포되어 있습니다. 사실상 전체적인 구속의 역사가 그리스도의 죽음에 달려 있다고 해도 과언이 아닙니다. 따라서 구속의 진리를 바르게 이해하려면 우선적으로 그리스도의 죽음이 가지고 있는 의미를 알아야 합니다.

우리는 이미 사망이 모든 사람에게 이르렀다는 점을 살펴보았습니다(롬 5:12). 아담은 하나님께 불순종한 것에 대한 형벌을 치러야 했습니다. 그는 이미 선악을 알게 하는 나무열매를 먹지 말라는 명령과 경고를 받았습니다. "여호와 하나님이 그 사람에게 명하여 이르시되 동산 각종 나무의 열매는 네가 임의로 먹되 선악을 알게 하는 나무의 열매는 먹지 말라 네가 먹는 날에는 반드시 죽으리라 하시니라"(창 2:16,17) 아담은 하나님의 명령을 무시했기에, 사망이라는 무서운 판결을 받아야만 했습니다. 사망은 불순종에 대한 형벌이었습니다. 따라서 성경은 "그러므로 한 사람으로 말미암아 죄가 세상에 들어오고 죄로 말미암아 사망이 들어왔나니 이와 같이 모든 사람이 죄를 지었으므로 사망이 모든 사람에게 이르렀느니라."(롬 5:12)고 선언하고 있습니다. 모든 사람이 죄를 지었고, 따라서 사망이 모든 사람에게 임했다는 점에는 차별이 없습니다. 모든 사람은 하나같이 죄인입니다. 아담의 후손인 모든 인류는 죄에 대한 형벌인 사망 선고를 받았습니다. 그렇습니다. 사망이 이미 온 인류 위에서 왕 노릇하고 있습니다(롬 5:13-21). 인류에 속한 각 개인들은 죄로 인해서, (물론 주 예수 그리스도를 믿는 사람은 제외하고) 사망이라는 의로운 심판 아래 있습니다. "우리가 아직 죄인 되었을 때에 그리스도께서 우리를 위하여 죽으심으로 하나님께서 우리에 대한 자기의 사랑을 확증하셨느니라"(롬

5:8), "하나님이 세상을 이처럼 사랑하사 독생자를 주셨으니 이는 그를 믿는 자마다 멸망하지 않고 영생을 얻게 하려 하심이라."(요 3:16) 따라서 긍휼에 풍성하신 하나님이 자기 아들을 세상에 보내셔서 죽게 하신 것은, 즉 "의인으로서 불의한 자를 대신하셨으니 이는 우리를 하나님 앞으로 인도하[기]"(벧전 3:18) 위한 것이었습니다. 아브라함이 자기 아들을 희생하려고 했을 때, 하나님은 그를 대신해서 양 한 마리를 예비해두심으로써 아들 이삭을 구출하시고 살려 주신 것과 같습니다(창 22장). 이렇듯 하나님이 미리 예비하신 하나님의 어린양은 세상 죄를 지고 가셨습니다(요 1:29). 이것이 그리스도의 죽음에 대한 참 의미이며, 또 어떤 면에선 비밀이기도 합니다. 그리스도는 대속주로서 죄인을 대신해서 죽으셨고, 대신해서 심판을 받으셨으며, 그렇게 죄인의 죄를 제거하셨습니다.

**죄인의 모든 죄를 제거할 수 있는 것은 그리스도의 피입니다.** 이처럼 그리스도의 피가 가진 경이로운 효력은 그리스도의 위격이 가진 특징과 그리스도의 죽음이 가진 본질에서 흘러나옵니다. 그리스도의 피는 그리스도의 죽음에 대한 상징이며, 또한 그리스도의 생명이 흘러나온 것을 의미합니다. 왜냐하면 생명은 피에 있으며(레 17:10-14), 그리스도의 피가 우리의 모든 죄를 씻어줄 수 있기 때문입니다. 죄인의 자리에서, 그리고 죄인을 대신해서 죽으신 그리스도의 죽음의 가치 때문에, 하나님은 그리스도의 피를 믿는 믿음을 보시고 우리의 죄를 영원히 속죄해주십니다. 하나님은 이것을 직접적인 표현 뿐만 아니라 모형과 예표를 통해서도 가르쳐 오셨습니다.

유월절 애굽 땅에 있었던 이스라엘 백성들을 생각해보십시오. 하나님은 애굽 땅에 대한 심판을 막 시작하셨습니다. 하나님께서 일단 공의로운 심판을 집행하신다면, 이스라엘 백성들도 애굽 사람들과 마찬가지로 죄를 지었으므로 죄에 대한 형벌을 면치 못할 것입니다. 그렇다면 애굽 사람들을 심판하시면서 이스라엘 백성들을 어떻게 구하실 수 있을까요? "내가 그 밤에 애굽 땅에 두루 다니며 사람이나 짐승을 막론하고 애굽 땅에 있는 모든 처음 난 것을 다 치고 애굽의 모든 신을 내가 심판하리라 나는 여호와라 내가 애굽 땅을 칠 때에 그 피가 너희가 사는 집에 있어서 너희를 위하여 표적이 될지라 내가 피를 볼 때에 너희를 넘어가리니 재앙이 너희에게 내려 멸하지 아니하리라"(출 12:12,13), "모세가 이스라엘 모든 장로를 불러서 그들에게 이르되 너희는 나가서 너희의 가족대로 어린 양을 택하여 유월절 양으로 잡고 우슬초 묶음을 가져다가 그릇에 담은 피에 적셔서 그 피를 문 인방과 좌우 설주에 뿌리고 아침까지 한 사람도 자기 집 문 밖에 나가지 말라 여호와께서 애굽 사람들에게 재앙을 내리려고 지나가실 때에 문 인방과 좌우 문설주의 피를 보시면 여호와께서 그 문을 넘으시고 멸하는 자에게 너희 집에 들어가서 너희를 치지 못하게 하실 것임이니라"(출 12:21-23)

유월절의 밤, 이스라엘 백성과 애굽 사람 사이의 유일한 차이점은 피에 있었습니다. (이 점을 주목하십시오.) 하나님의 심판을 넘어가게 한 것은 이스라엘 백성이 애굽 사람 보다 더 나은 점이 있기 때문이 아니라, 다만 피 때문이었습니다. 피가 이스라엘 백성들의 집 바깥에 발라져 있었습니다. 그래서 재앙을 피할 수 있었습니다. 이는 주님께서 "내가 피를 볼 때에 너희를 넘어 가리니"라고 말씀하셨기 때문이었습니다. 어린양의 피 - 어린양이 죽임을 당했기 때문에 - 가 이스라엘 백성들을 죄책에서 깨끗케 했기에, 하나님께서 애굽을 공의롭게 심판하시는 동안 또한 하나님은 이스라엘 백성을 공의롭게 구원하실 수 있으셨습니다.

동일한 교훈을 우리는 레위기 16장에 기록된 대속죄일을 통해서 배울 수 있습니다. 아론은 속죄제 수송아지와 염소의 피를 하나님이 그룹(케루빔) 사이에 머무는 곳인 속죄소 위와 앞에 뿌려야 했습니다. "이 날에 너희를 위하여 속죄하여 너희를 정결하게 하리니 너희의 모든 죄에서 너희가 여호와 앞에 정결하리라"(레 16:30) 그럼에도 이 모든 것들은 그리스도의 피가 가진 효력을 보여주는 그림자에 불과했습니다. 따라서 우리는 "우리의 유월절양 곧 그리스도께서 희생되셨느니라"(고전 5:7), "염소와 송아지의 피로 하지 아니하고 오직 자기의 피로 영원한 속죄를 이루사 단번에 성소에 들어가셨느니라 염소와 황소의 피와 및 암송아지의 재를 부정한 자에게 뿌려 그 육체를 정결하게 하여 거룩하게 하거든 하물며 영원하신 성령으로 말미암아 흠 없는 자기를 하나님께 드린 그리스도의 피가 어찌 너희 양심을 죽은 행실에서 깨끗하게 하고 살아 계신 하나님을 섬기게 하지 못하겠느냐"(히 9:12-14)는 성경구절을 볼 수 있습니다. 성경에서 보는 대로, "그 아들 예수의 피가 우리를 모든 죄에서 깨끗하게"(요일 1:7) 해줍니다.

그렇다면 이제 우리는 죄와 연결된 그리스도의 피에 대한 성경의 가르침을 요약해보겠습니다.

**1. 피는 죄책을 제거하는 유일한 도구입니다.** 이것은 하나님이 정하신 하나님의 방법입니다. 그렇다면 *피는 죄책을 제거하는 일에 다른 그 무엇으로도 대체할 수 없는 절대적인 방법*인 것입니다. 그래서 성경은 "네가 잿물로 스스로 씻으며 네가 많은 비누를 쓸지라도 네 죄악이 내 앞에 그대로 있으리니"(렘 2:22)라고 했고, "내가 눈 녹은 물로 몸을 씻고 잿물로 손을 깨끗하게 할지라도 주께서 나를 개천에 빠지게 하시리니 내 옷이라도 나를 싫어하리이다"(욥 9:30,31)고 말하고 있지만, 반면에 "너희가 알거니와 너희 조상의 망령된 행실에서 구속된 것은 은이나 금같이 없어질 것으로 한 것이 아니요 오직 흠없고 점 없는 어린양 같은 그리스도의 보배로운 피로 한 것이니라"(벧전 1:18,19)고 말하고 있습니다. 따라서 죄인을 눈보다 더 희게 할 수 있는 것은 그리스도의 피 밖에 없습니다.

2. **속죄의 효력은 피 속에 또는 피 자체에 있습니다.** 피에 무슨 효력을 더할 수 있는 것은 아무 것도 없습니다. 피가 아니면 아무 것도 아닙니다. 피에 무언가를 더한다면, 그것이 느낌, 기도, 회개라 할지라도, (이런 것들은 각자 나름대로 가치가 있는 것이긴 해도) 피가 가진 정결케 하는 능력을 훼손시킬 뿐입니다.

3. **하나님이 피를 준비하셨습니다.** 이것은 하나님이 자기 아들을 죽음에 내어주신 것을 의미합니다. 죄인의 필요를 충족시키기 위한 이러한 준비는 전적으로 하나님의 은혜이며, 결론적으로 말해서 죄인이 준비할 것은 아무 것도 없습니다. 세상을 이처럼 사랑하셔서 우리를 대신해서 희생당할 어린양을 미리 준비하신 것은 하나님의 무한한 자비입니다. 이제 어린양이신 그리스도의 보배로운 피가 믿는 모든 사람에게 효력을 발휘하고 있습니다. 불신앙 외에 그 피가 적용되고 그 효력을 막는 것은 아무 것도 없습니다. 모든 사람을 위해 준비된 것이기에, 누구든지 믿음을 통해서 그 정결케 하는 능력의 대상이 될 수 있습니다.

사랑하는 독자여, 당신은 죄에서 정결케 되고 싶습니까? 그렇다면 하나님이 준비하신 피를 바라보십시오. 이제 당신은 '내가 어떻게 하여야 그 피를 나에게도 적용할 수 있을까요?'라고 묻고 싶습니까? 그렇다면 *오로지, 절대적으로 믿음의 순종 외에는 없습니다.*

다시 유월절의 밤(출 12장)으로 돌아가 봅시다. 어린양이 죽은 것으로나 그릇에 피를 담은 것으로 충분하지 않았습니다. 이스라엘 백성은 자신을 위하여 피를 문 인방과 문설주 좌우에 뿌려야 했습니다. 자기 손으로 우슬초 묶음을 가져다가, 하나님의 공의로운 심판 앞에서 겸손한 태도로, 피를 바르면서 사망을 당해야 마땅하다는 고백을 하고, 또 심판자의 심판을 피하게 해줄 수단으로서 피에 대한 자신의 믿음을 고백하면서, 공의로운 심판자의 진노로부터 자신을 보호해줄 것을 의지해야 했습니다. 지금도 마찬가지입니다. 어린양이 준비되었고 또 죽임을 당했습니다. 어린양의 피가 흘려졌습니다. 하지만 어린양의 피가 흘려진 사실만으로 당신의 안전이 확보되는 것이 아닙니다. 문제는, **과연 당신은 피의 보호 아래 있는가?** 입니다. 당신은 '그렇게 되려면 어찌 해야 하나요?'라고 묻고 싶을 것입니다. 이스라엘 백성처럼 겸손하게 하나님이 죄에 대해서 선언하신 심판을 받아들이십시오. 즉 이 말은, 죄인의 자리에 서서, 죄에 대한 형벌과 공의로운 심판에서 당신을 안전하게 지켜줄 그리스도의 피를 바라보라는 뜻입니다. 당신이 그렇게 하는 순간, 그 모든 효력과 가치를 가진 그리스도의 피가 당신의 영혼에 발라지고, 그리스도의 피가 당신과 심판 사이에 놓이게 되며, 죄에 대한 심판으로부터 당신을 영원히, 완전하게 보호해줄 것입니다. 왜냐하면 피가, 거룩하신 하나님이 당신에게 요구했지만 전혀 이행 또는 순종하지 못했던 모든 요구조건들을 만족시켰기 때문입니다. 하나님은 그리스도를 그의 피로써 믿음으로 말미암아 화목제물로 세우셨습니다(롬 3:25). 그러므로 당신이 할 수 있는 일이란 아무것도 없습니다. 심지어 우슬초를 준비하고 피를 바르는 일도 이제는 할 필요가 없습니다. 이제 당신은 단순히 하나님의 말씀을 믿고, 사망과 심판으로부터 보호해줄 유일한 수단인 이미 흘려진 피를 믿음으로 바라보면, 하나님은 즉시 피가 가지고 있는 효력과 가치로 당신을 덮어주실 것이며, 그 결과 모든 죄책에서 정결하게 되고, 또 눈 보다 더 희게 될 것입니다.

그리스도의 보배로운 피의 보호를 받는 일을 내일로 미루지 마십시오. 유월절의 밤, 주님은 애굽 땅에서 태어난 모든 장자들을 죽이셨습니다. 마찬가지로 그리스도를 거절하는 사람들을 향한 심판도 갑작스럽게, 또한 예기치 않게 임할 것입니다. 그들이 그저 "평안하다, 안전하다 할 그 때에 임신한 여자에게 해산의 고통이 이름과 같이 멸망이 갑자기 그들에게 이르리니 결코 피하지 못[할]"(살전 5:3) 것입니다. 그렇다면, 오늘, 바로 지금 장차 올 심판에서 피하라고 간청하시는 하나님의 사랑의 음성을 들었다면, 세상 죄를 지고 가는 하나님의 어린 양을 바라보십시오(요 1:29).

# 제 4장 거듭남

니고데모가 교훈을 얻기 위하여 우리 주님께 나아왔을 때, 그는 즉시로 매우 중요한 말씀을 들었습니다. "진실로 진실로 네게 이르노니 사람이 거듭나지 아니하면 하나님의 나라를 볼 수 없느니라"(요 3:3) 각성된 영혼이라면 누구라도 이 말씀의 의미를 깊이 생각해야 합니다. 우리가 즉시 배우는 사실은, 우리 영혼의 열망이 무엇이던지, 무엇을 진지하게 갈망하고 있든지, 우리 믿음의 고백이 무엇이든지, 만일 이처럼 위대한 변화, 즉 거듭남이 일어난 적이 없었다면, 영혼 속에는 생명이 없을 뿐만 아니라 결과적으로는 구원도 없습니다.

주님은 누구를 향해 이 말씀을 하고 있을까요? '유대인의 관원, 니고데모에게입니다.' 라고 대답한다면, 그것은 우리가 진리의 반쪽만을 알고 있음을 말해줍니다. 이 구절은 니고데모의 이름과 공적인 직분 외에는 아무 것도 말해주고 있지 않습니다. 사실 이러한 것들은 하나님 앞에서 아무 의미가 없을뿐더러 추구하는 영혼에겐 중요하지 않습니다. 요한복음 2장과 3장을 연결해서 생각해보면, 질문에 대한 실제적인 해답을 찾을 수 있습니다. "유월절에 예수께서 예루살렘에 계시니 **많은 사람이 그의 행하시는 표적을 보고 그의 이름을 믿었으나** 예수는 그의 몸을 그들에게 의탁하지 아니하셨으니 이는 친히 모든 사람을 아심이요 또 사람에 대하여 누구의 증언도 받으실 필요가 없었으니 이는 그가 친히 사람의 속에 있는 것을 아셨음이니라 그런데 바리새인 중에 니고데모라 하는 사람이 있으니 유대인의 지도자라"(요 2:23-25, 3:1) 예수님이 행하신 표적을 보고 많은 유대인들이 예수님을 믿었으며, 니고데모는 그들 중 한 사람이었습니다. 하지만 예수님은 그들에게 자기 몸을 의탁하지 않으셨습니다. 왜냐하면 사람의 속에 있는 것을 아셨기 때문이었습니다. 사실 그들의 믿음은 예수님이 행하신 기적의 진실성과 기적의 증거를 통해서 형성된 자연스러운 확증, 그 이상도 그 이하도 아니었습니다. 이 모든 일에도 불구하고 그들은 하나님 앞에서 깊이 자신을 통찰해보고 마음으로 엎드리는 것이 없었습니다. 다만 그리스도의 이름을 믿는 자연적인, 혹은 지적인 신앙에 불과했습니다. 그러므로 니고데모가 밤에 예수님을 찾아

온 것은, 분명 무언가를 더 요구하기 위한 것이었습니다. 니고데모는 이런 말로 자신의 신앙을 표현했습니다. "랍비여 우리가 당신은 하나님께로부터 오신 선생인 줄 아나이다 하나님이 함께 하시지 아니하시면 당신이 행하시는 이 표적을 아무도 할 수 없음이니이다."(요 3:2) 하지만 예수님은 즉시 니고데모에게 **거듭남의 절대적인 필요성**으로 대답하셨습니다. 그렇다면 주님은 이렇게 말씀하신 것입니다. "그대는 나를 하나님이 보내신 선생으로 믿고 있지만, 그럼에도 그대는 잃어버린바 된 영혼이다. 그대가 하나님의 나라에 들어가려면 먼저 거듭나야 한다."

우리는 여기서 일종의 경계의 말 뿐만 아니라 매우 엄숙한 경고의 말도 볼 수 있습니다. 경고의 말이란 이렇습니다.
"그리스도를 믿노라고 입술로만 고백하는 것으로 만족하지 말라."
경계의 말이란 이렇습니다.
"당신이 거듭나지 않았다면, 모든 것이 소용없다는 것을 잊지 말라. 당신은 매우 진지하고, 매우 종교적이고, 신앙생활에 매우 활동적이고, 경건한 삶에서 높은 평판을 얻었고, 매우 유용한 사역을 하고 있을지라도, 여전히 잃어버린 영혼일 수 있다. 만일 거듭난 일이 없다면, 당신은 하나님의 나라를 결코 볼 수 없을 것이다."

**어째서 거듭나야만 하는 건가요?** 이 질문에 대한 대답은 우리가 다루고 있는 주제에 있어서 가장 중요한 지점으로 우리를 데리고 갑니다. 우리는 이미 모든 사람이 다 죄인이라는 사실을 살펴보았습니다. 사람은 죄인일 뿐만 아니라, 악하고, 부패하고, 타락한 본성을 가지고 있습니다. 이렇게 고칠 수 없을 정도로 망가진 본성은, 죄의 악한 열매들을 절로 맺는 나무와 같습니다. 죄의 행실들은 본성의 특징을 그대로 드러내줍니다. 이러한 죄악된 본성은 하나님 앞에서, 또한 하나님 나라에 들어가는데 전적으로 부적합합니다. 이에 대해서 주님은 이렇게 말씀하셨습니다. "육으로 난 것은 육이요"(요 3:6) 그렇다면 우리는 자연인으로서, 아담의 자손으로서, 육으로 난 사람들입니다. 그렇다면 이 육신 속에는 선한 것이 거하지 않습니다(롬 7:18).

"정말 모든 사람은, 예외 없이, 다 부패하고 소망 없을 정도로 악합니까?"

"그렇습니다. 그것이 바로 인간 본성에 대한 하나님의 평결입니다. 그래서 '**육으로 난 것은 육**' 일 뿐입니다."

"하지만 역사 속에서 보면 참으로 고상한 행실들이 기록되어 있고, 우리 일상생활 속에서 볼지라도 여러 가지 친절하고 관대하고 또 자선을 베푸는 착한 행실을 볼 수 있잖습니까? 과연 이 모든 것들을 다만 완전히 타락한 본성을 가진 사람들이 행한 가치 없는 것일 뿐이라고 딱 잘라 말할 수 있을까요? 분명 우리의 타고난 성품에는 정도의 차이는 있을 것입니다. 그렇다면 어떻게 그러한 선행들을 그저 향기 나는 죄로만 분류할 수 있는지요?"

육신의 문제는 주변 사람이나 동료들의 칭찬 또는 비난을 이끌어 내는, 사람의 외적인 행실에 대한 것이 아닙니다. 거듭난 일이 없는 사람의 외적인 행실이란 나쁜 나무가 절로 맺는 열매와 같아서, 하나님의 눈에는 그저 악한 것 그 이상도 그 이하도 아닙니다. 그래서 성경은 "못된 열매 맺는 좋은 나무가 없고 또 좋은 열매 맺는 못된 나무가 없느니라 나무는 각각 그 열매로 아나니 가시나무에서 무화과를, 또는 찔레에서 포도를 따지 못하느니라" (눅 6:43,44)고 말합니다. 하나님의 말씀은 이 문제에 대해서 매우 분명하게 교훈하고 있습니다.

"육신의 생각(또는 육신적인 마음)은 하나님과 원수가 되나니 이는 하나님의 법에 굴복하지 아니할 뿐 아니라 할 수도 없음이라 *육신에 있는 자들은 하나님을 기쁘시게 할 수 없느니라*"(롬 8:7,8)

이것은 마틴 루터가 말한 대로, 행함의 문제가 아니라 존재의 문제이며, 또한 행동의 특성의 문제가 아니라 본성의 본질의 문제입니다. 하나님은 이러한 본성을 육신으로 부르시는데 육신은 하나님 보시기에 악일 뿐입니다. 결과적으로 "혈과 육은 하나님 나라

를 이어받을 수 없고 또한 썩는 것은 썩지 아니하는 것을 유업으로 받지 못합니다.'"(고전 15:50)

그러므로 여기에 거듭나야만 하는 절대적인 필요성이 놓여 있습니다. "육으로 난 것은 육이요…내가 네게 거듭나야 하겠다 하는 말을 놀랍게 여기지 말라"(요 3:6,7) 이러한 필요성은 그 적용에 있어서 우주적입니다. 즉 거듭남은 이 세상에 태어난 사람이라면 누구에게나 해당되는 일이며, 집을 나간 탕자가 다시금 순종하는 자녀가 되어야 하는 것처럼 의무적인 일입니다. 그렇다면 박애주의자들의 적극적이고 열정적인 활동이나, 교도소 감방에 있는 죄수의 범죄나 모두 육신에게서 나오는 결과물에 불과합니다. 따라서 육신은 하나님의 나라에 들어갈 수 없습니다. 하나님의 나라에 들어가려면 그 나라에 합당한 **새로운 본성과 새로운 생명**을 받아야 합니다. 이 두 가지가 없다면, 아무리 도덕적으로 훌륭한 사람일지라도, 그는 영원히 하나님 나라 밖에 있게 될 것입니다.

그렇다면 **사람은 어떻게 거듭나는가?** 이것은 본질적으로, 니고데모의 문제였습니다. "사람이 늙으면 어떻게 날 수 있사옵나이까 두 번째 모태에 들어갔다가 날 수 있사옵나이까?"(요 3:4) 이 질문은 분명 거듭남의 가능성에 관한 것으로 이해됩니다. "어떻게 사람이 거듭나는 것이 가능한 것인가?" 하지만 우리 주님은 거듭남의 가능성 여부에 대해서 대답하는 대신에, 사람이 거듭나는 길에 대해서 단도직입적으로 말씀하셨습니다.

"진실로 진실로 네게 이르노니 사람이 물과 성령으로 나지 아니하면 하나님의 나라에 들어갈 수 없느니라." (요 3:5)

**(1) 물.** 이 "물"이라는 상징이 내포하고 있는 의미에 대해서 다양한 해석이 있어 왔습니다. 많은 의식주의자들은 이 구절이 세례중생설이라는 거짓된 가르침을 지지하는 것인 양 끊임없이 주장해왔습니다. 하지만 우리가 성경을 고수한다면 어려움은 사라지게 될 것입니다. 니고데모는 우리 주님이 의도하신 바를 이해할 수 있었던 것이 분명합니다. 혹 그렇지 않았을지라도 그는 반드시 거듭남의 의미를 이해해야만 했습니다. 니고데모가 "어찌 그러한 일이 있을 수 있나이까?"라고 대답했을 때, 예수님은 "너는 이스라엘의 선생으로서 이러한 것들을 알지 못하느냐?"(요 3:9,10)고 말씀하셨습니다. 만일 우리가 선지서들 가운데 에스겔서로 가보면(이스라엘의 교사 가운데 한 사람으로서 니고데모는 선지자들의 글을 잘 알고 있었을 것입니다), 우리 주님이 가르치고 계신 이 교훈에 대한 모형과 예표를 찾을 수 있습니다. 장래 이스라엘의 회복에 대해서 말하면서, 에스겔 선지자는 "맑은 물을 너희에게 뿌려서 너희로 정결하게 하되 곧 너희 모든 더러운 것에서와 모든 우상 숭배에서 너희를 정결하게 할 것이며 또 새 영을 너희 속에 두고 새 마음을 너희에게 주되 너희 육신에서 굳은 마음을 제거하고 부드러운 마음을 줄 것이며 또 내 신을 너희 속에 두어 너희로

내 율례를 행하게 하리니 너희가 내 규례를 지켜 행할지라"(겔 36:25-27)고 말했습니다. 여기서 우리는 물과 영이 결합된 형태로 동일하게 표현되어 있는 것을 보게 되는데, 이 두 가지가 적용된 결과 급진적인 변화를 창출하는 것을 볼 수 있습니다. 이것은 다름 아닌 새 마음을 받는 것을 의미했습니다. 그 뿐만 아니라, 이 구절에서 물은 정결하게 씻는 것과 연결되어서, 이스라엘 모든 사람들에게 매우 친숙한 의미를 전달하고 있습니다.

그렇다면 이 본문에서 우리가 물어야 하는 것은, 물의 중요성은 무엇인가? 하는 것입니다. 시편 119편으로 가보면, 우리는 이러한 질문을 볼 수 있습니다. "청년이 무엇으로 그 행실을 깨끗케 하리이까 **주의 말씀을 따라** 삼갈 것이니이다"(시 119:9) 게다가 우리는 신약성경에서 "물로 씻어 말씀으로 깨끗하게 하사 거룩하게 하시고"(엡 5:26), "너희는 내가 일러 준 말로 (또는 말씀 때문에) 이미 깨끗하여졌으니"라는 구절을 볼 수 있습니다. (요 15:3, 요 13:5-11도 읽으시오.) 그러므로 물은 일반적으로 하나님의 말씀에 대한 상징인 것입니다. 따라서 우리는 계속해서 말씀이 새로운 출생과 연결되어서 다양한 구절들과 연결되어 있는 것을 볼 수 있습니다. "그가 그 피조물 중에 우리로 한 첫 열매가 되게 하시려고 자기의 뜻을 따라 **진리의 말씀으로** 우리를 낳으셨느니라"(약 1:18) "너희가 거듭난 것은 썩어질 씨로 된 것이 아니요 썩지 아니할 씨로 된 것이니 살아 있고 항상 있는 **하나님의 말씀으로** 되었느니라 그러므로 모든 육체는 풀과 같고 그 모든 영광은 풀의 꽃과 같으니 풀은 마르고 꽃은 떨어지되 오직 주의 말씀은 세세토록 있도다 하였으니 **너희에게 전한 복음이 곧 이 말씀이니라**"(벧전 1:23-25) 사도 바울도 고린도인들에게 "그리스도 예수 안에서 내가 복음으로써 내가 너희를 낳았음이라"(고전 4:15)고 말할 때 동일한 것을 암시하고 있습니다. 복음을 통해서 전파된 하나님의 말씀은, 우리 주님이 여기서 물의 상징을 통해서 제시하신 대로, 새로운 출생 곧 거듭남을 일으키는 수단인 것입니다.

**(2) 성령.** "살리는 것은 영이니"(요 6:63). "율법 조문은 죽이는 것이요 영은 살리는 것이니라"(고후 3:6) 하나님의 말씀에 의해서 또는 하나님의 말씀을 통해서 역사하시는 성령님은 죽은 영혼들을 살리시며, 그들로 거듭나도록 해줍니다. 말씀 그 자체만으로는 거듭나는 역사를 일으킬 수 없습니다. 뿐만 아니라 하나님의 영 자신만의 역사로도 거듭나는 역사를 일으킬 수 없습니다. 하지만 하나님의 영께서는 말씀을 도구로 사용하심으로써, 영혼을 사망에서 생명으로 이끌어내시고, 사람의 영혼 속에 새로운 본성과 새로운 생명을 모두 창조하십니다. 우리는 이에 대한 많은 증거들을 성경에서 볼 수 있습니다. 그 가운데서 가장 분명한 사례는 오순절 사건에서 볼 수 있습니다. 베드로와 다른 사도들 주변에 주 예수님을 십자가에 못 박은 사람들이 모여 있었습니다. 베드로는 그들에게 하나님의 말씀을 선포하면서 "이스라엘 온 집은 확실히 알

지니 너희가 십자가에 못 박은 이 예수를 하나님이 주와 그리스도가 되게 하셨느니라."(행 2:36)고 외쳤습니다. 우리는 사도행전 2장 초반부에서 성령의 강림에 대해서 볼 수 있습니다. 그리고 성경은 사도들에 대해서 "그들이 다 성령의 충만함을 받고 성령이 말하게 하심을 따라 다른 언어들로 말하기를 시작하니라"(행 2:4)고 기록하고 있습니다. 그래서 베드로는 성령의 능력으로 말씀을 증거했던 것이고, 그 동일한 성령께서는 (베드로가 증거한) 하나님의 말씀에 큰 권능을 덧입히심으로써 허다한 사람들로 거듭나게 하셨고 그들로 마음의 변화를 일으키셨던 것입니다. 그에 대한 증거는 이렇게 기록되어 있습니다. "그들이 이 말을 듣고 마음에 찔려 베드로와 다른 사도들에게 물어 이르되 형제들아 우리가 어찌 할꼬 하거늘"(행 2:37) 그들은 그렇게 거듭날 수 있었습니다. 거듭남은 항상 **하나님의 영에 의해서**, 그리고 **말씀을 통해서** 일어납니다. 다른 방법은 없습니다.

(3) 이제 우리는 우리 주님의 가르침을 좀 더 자세하게 살펴보고자 합니다. 요한복음 3장 9절에서 니고데모는 "어찌 그러한 일이 있을 수 있나이까?"라고 물었습니다. 우리 주님은 우선적으로, 그의 무지(10절)와 그의 불신앙(11,12절)을 온유하신 목소리로 책망하셨습니다. 그리고 나서 그가 제기한 질문에 대한 완전한 답변을 주셨습니다. 답변은 세 부분으로 나누어집니다. 세 부분을 모두 모을 때에야 비로소 니고데모의 마음에 혼돈을 주었던 (거듭남이

가지고 있는) 전체적인 신비가 풀리게 될 것입니다.

**(a) 인자의 위격.** 이것은 인자께서 성삼위일체의 제2위격을 가지신 분을 의미합니다. 따라서 인자의 위격은 하나님의 말씀, 즉 복음의 기초와 뼈대를 이루고 있습니다. 영혼들은 복음에 의해서, 하나님의 영의 역사로 거듭나게 됩니다. "하늘에서 내려온 자 곧 인자 외에는 하늘에 올라간 자가 없느니라."(요 3:13) 이 구절에서 우리는 하나님의 아들의 성육신이 가지고 있는 위대한 신비를 볼 수 있습니다. 하나님의 아들께서는 하늘에 계셨지만 하늘에서 내려오셨으며, 여자에게서 나셨고, 그리고 여기 이 땅에서 인자가 되셨습니다. 그럼에도 지금 니고데모에게 말씀하고 계시는 인자께서는 여전히 자신을 "하늘에 계신 인자(the Son of man which is in heaven)"로 말씀하실 수 있는 분이셨습니다. 인자의 위격으로 자신을 계시하고 있는 주 예수님은 하나님-사람으로서, 참 하나님이시며 또한 참 사람이신 분이십니다. 이것은 그리스도의 위격이 가지고 있는 경이로운 존엄함입니다. 그렇다면 그리스도의 위격이야말로 그분의 사역에 그처럼 무한한 효력을 부여해 줍니다. 따라서 우리 주님의 위격에 대한 진실한 교리를 수호하는 일이 절대적으로 필요하며, 경건한 질투심을 가지고 그분의 인성 또는 신성을 격하시키려는 모든 가르침을 거절하고 거부해야 마땅합니다. 그리스도의 위격과 십자가의 구속과 그리스도의 대속을 위한 희생적인 죽으심에 손상을 주려는 모든 시도에 대해 분연

히 맞서야 합니다. 이는 "어두운 데에 빛이 비치라 말씀하셨던 그 하나님께서 *예수 그리스도의 얼굴에 있는 하나님의 영광을 아는 빛을 우리 마음에 비추셨[기 때문입니다.]*"(고후 4:6)

**(b) 그리스도의 사역.** 우리는 요한복음 3장에서 "반드시(must)" 이루어져야만 하는 두 가지를 볼 수 있는데, 그 첫 번째가, "네가 반드시 거듭나야만 한다(Ye must be born again)."는 것이고, 그 두 번째는 "인자가 반드시 높이 들림을 받아야만 한다(even so must the Son of man be lifted up)."는 것입니다. 그래서 우리 주님은 이제 "모세가 광야에서 뱀을 든 것 같이 인자도 들려야만 하리니 이는 그를 믿는 자마다 영생을 얻게 하려 하심이니라"(요 3:14,15)고 말씀하셨습니다. 어째서 인자께서는 들려야만 - 십자가에 못 박히셔야만 했을까요? 그 이유는 사람이 처한 도덕적 필요성 때문입니다. 즉 "피 흘림이 없은즉 죄 사함이 없[기 때문입니다.]"(히 9:22) 죄인의 자리를 대신함으로써, 주님은 반드시 "그가 찔림은 우리의 허물 때문이요 그가 상함은 우리의 죄악 때문이라"(사 53:5)는 말씀을 이루셔야만 했습니다. 우리는 심판 아래 있었고 또 죄의 정죄아래 있었기 때문에 주님은 우리 자리에서 우리를 대신해서 죽임을 당하셔야만 했습니다. 그렇게 함으로써 "친히 나무에 달려 그 몸으로 우리 죄를 담당[해 주셨습니다.]"(벧전 2:24) 다른 말로 하자면, 죄인의 대속주로서 주님은 십자가에 높이 달리셨던 것입니다. 주님이 높이 달리신 목적은 "이는 그를 믿는

자마다 영생을 얻게 하려[는데]"(요 3:15) 있습니다. 그렇게 주 예수님은 부활을 통해서 생명의 원천이 되셨을 뿐만 아니라 부활 안에서 주 예수님은 모든 신자의 생명이 되셨습니다(골 3:3,4). 따라서 거듭남은 영혼을 다시 살리시는 성령의 능력을 통해서 이 생명이 주어지는 것을 의미합니다. 그렇다면 그리스도는 믿는 사람의 생명이십니다. 이는 그리스도의 죽으심과 부활의 특성 때문입니다. 그리스도는 십자가에서 신자의 대속주가 되어 주셨습니다. 즉 그리스도는 자신의 죽음을 통해서 속죄(贖罪)를 이루셨고, 우리가 지은 모든 죄들을 위해서 속전(죄값)을 지불하셨습니다. 이로써 은혜의 하나님과 잃어버린바 된 죄인들 사이를 가로막고 있던 모든 장애물이 제거되었습니다. 따라서 주 예수님은 "나를 믿는 자는 죽어도 살겠고 무릇 살아서 나를 믿는 자는 영원히 죽지 아니하리[라.]"(요 11:25,26)고 말씀하실 수 있습니다. 왜냐하면 사망에서 벗어난 생명, 즉 십자가에 못 박히셨다가 다시 부활하신 구주 안에 있는 생명 때문입니다. 이제 주 예수님은 "죽음을 통하여 죽음의 세력을 잡은 자 곧 마귀를 멸하[셨으며]"(히 2:14), 게다가 한 알의 밀이 땅에 떨어져 죽지 아니하면 한 알 그대로 있을 수 밖에 없지만, 죽음을 통해서 이제는 많은 열매를 맺었기(요 12:24) 때문입니다.

**(c) 믿음.** 믿음은 죄인과 그리스도를 연결해주는 끈(connecting-link)입니다. 그리스도는 공생애 동안 많은 병자들을

고쳐주셨는데, 그들을 치유한 것은 그들이 가진 믿음이었습니다. 그리고 그들의 믿음이야말로 치유된 사람과 그리스도를 연결해주는 끈이었습니다. 따라서 "그를 믿는 자마다 영생을 얻게 하려 하심이니라"(요 3:15)는 구절은 믿음을 강조하고 있습니다. 이것은 주님이 친히 언급하신 것을 비교해봄으로써 즉시 파악할 수 있습니다. 주님은 광야에서 모세가 뱀을 들어 올린 것(민 21:6-9)과 자신이 십자가에 높이 들리는 것을 비교하셨습니다. 이스라엘 백성들을 물어서 죽음에 이르게 한 것은 뱀이었습니다. "한 사람으로 말미암아 죄가 세상에 들어오고 **죄로 말미암아 사망이 들어왔[습니다.]**"(롬 5:12) 하지만 이제 우리를 위해서 죄가 되신 분이 있습니다. "하나님이 죄를 알지도 못하신 이를 우리를 대신하여 죄로 삼으신 것은 우리로 하여금 그 안에서 하나님의 의가 되게 하려 하심이라."(고후 5:21) 살려면, 생명을 얻으려면 그분을 믿어야 합니다. 그래서 성경은 "쳐다본즉 모두 살더라."(민 21:9)고 기록하고 있습니다.

이제 우리는 매우 중요한 부분에 와 있습니다. 보는 것과 믿는 것, 이 둘 사이에 놓인 중차대한 교훈이 있습니다. 우리 앞에는 "모세가 놋뱀을 만들어 장대 위에 다니 **뱀에게 물린 자가 놋뱀을 쳐다본즉 모두 살더라**"(민 21:9)는 구절이 있습니다. 무엇보다 우리가 주목해야 할 것은, 쳐다본 사람은 다름 아닌, 뱀에게 물린 사람이었다는 점입니다. 두 번째로, 쳐다본 사람들은 믿음의 순종 가운데서 그렇게 했다는 점입니다. 다시 말해서 하나님의 말씀을 믿었습니다. 바로 그것을 위해서 그리스도께서 들림을 받으셨던 것입니다. 누구든지 자신이 죄인임을 깨달은 사람은, 자신이 뱀에 물렸다는 것을 알게 되고, 죄 때문에 아무 소망도 없는 존재임을 인정할 것입니다. 이제라도 복음을 마음으로 받들면서 믿음에 순종하기 위해서 그리스도를 쳐다보면, 멸망하지 않고 영원한 생명을 얻게 될 것입니다. 유월절 밤에 일어난 일과 같이, 여기에도 죄인들이 할 수 있는 일이란 아무 것도 없습니다. 우리는 단순하게 하나님이 자기 아들에 대해서 증거하신 성경의 기록을 믿어야만 하며, 하나님께서 그리스도의 죽으심을 통해서 죄를 해결하신 성경의 증거를 받아들여야만 합니다. 그렇다면 하나님은 믿는 모든 사람에게 생명이 있음을 선언하십니다. 즉 죄인이 주 예수 그리스도를 믿는 순간, 그는 즉시로 거듭나게 되며 영생을 소유한 자가 되는 것입니다(요 3:16).

사랑하는 독자여, 그대는 거듭났습니까? 그대는 이 질문에 확신 있게 대답할 수 있습니까? 만일 그대가 거듭난 사람이라면, 당신의 온 영혼을 다해 자신의 독생자를 선물로 주신 하나님께 감사하십시오. 만일 거듭난 일이 없다면, 다음과 같은 말로 경고의 말씀을 드려야겠습니다. 당신은 어쩌면 좋은 아들 혹은 좋은 딸, 사랑스런 남편 혹은 사랑스런 아내, 친절한 아버지 혹은 온유한 어머니일 수 있습니다. 당신이 그처럼 좋은 성품을 가지고 있을지라도, 그러한 좋은 성품이 당신으로 하여금 거듭나게 해주지는 못합니다. 혹은 종교를 의지하고 있는지 모릅니다. 하지만 기독교라는 종교를 가지고 있어도, 여전히 거듭나지 못할 수가 있습니다. 거듭나지 않았다면, 당신은 하나님 나라 밖에 있는 사람이며, 소망도 없고 영원히 잃어버린바 된 사람일 뿐입니다. 이런 상태에 만족한 채 계속 머물러 있고 싶으십니까? 만일 뱀에 물린 이스라엘 백성들이 놋뱀을 쳐다보라는 하나님의 명령을 거절했다면 과연 결말이 어떠했을까요? 그들은 결국 분노 속에서, 그리고 자신의 죄 가운데서 죽음을 맞이했을 것입니다. 마찬가지로 당신이 그리스도를 쳐다보는 것을 거절한다면, 그리스도를 믿기를 거부한다면, 다른 치료책은 없습니다. 영생을 얻는 것이 아니라, 당신은 영원한 멸망을 당할 것입니다. 하지만 만일 당신이 진정 거듭남에 대한 절대적인 필요성을 깨닫고, 하나님 앞에서 자신의 참된 상태를 인정하고, 단순한 믿음으로 그리스도를 쳐다본다면, 당신은 즉시 사망에서 생명으로 옮겨지게 될 것입니다.

# 제 5장 하나님과의 화평

"그러므로 우리가 믿음으로 의롭다 하심을 받았으니 우리 주 예수 그리스도로 말미암아 하나님과 화평을 누리자"(롬 5:1) 이 구절은 사도 바울이 하나님께서 은혜로 죄인들을 만나주시고 또 예수님을 믿는 모든 사람을 의롭다고 인정해주시는 근거들을 언급한 후에 도달하게 된 결론입니다. 여기에 내포되어 있는 원칙은 너무도 중요하며, 반드시 이해할 필요가 있습니다. 불안해하는 사람들을 위해서 하나님이 얼마나 조심스럽게 우리 밖에서 화평의 근거를 마련해 놓으셨는지를 볼 수 있도록, 상세하게 진술해보고자 합니다. 즉 다시 말해서, 우리 신앙의 닻을 내려야 하는 곳은 오직 그리스도 뿐이며 또한 그리스도께서 이루신 일 뿐인 것을 명확히 볼 수 있도록 돕고자 합니다.

**1. 칭의는 믿음으로** 이루어집니다. 믿음의 원리는 행위의 원리와 대조를 이루고 있습니다. 이 사실을 염두에 둔다면, 많은 경우 마음의 혼돈상태를 끝낼 수 있습니다. 사도 바울이 로마서 전체에서 펼치는 논증은 대개 이 두 가지의 원리를 대조하고 또 그 차이를 설명하는 방식으로 진행되고 있습니다. 따라서 이방인과 유대인 모두의 상태에 대해서 기술하고, 둘 모두 죄인으로서 유죄상태에 있음을 입증한 후 바울은 "그러므로 율법의 행위로 그의 앞에 의롭다 하심을 얻을 육체가 없나니 율법으로는 죄를 깨달음이니라"(롬 3:20)고 말했습니다. 그리고 나서 다시금, "그러므로 사람이 의롭다 하심을 얻는 것은 율법의 행위에 있지 않고 믿음으로 되는 줄 우리가 인정하노라"(롬 3:28)고 말합니다. 그 다음으로, 아브라함이 의롭다 함을 받은 사례를 언급한 후 - "아브라함이 하나님을 믿으매 이것이 저에게 의로 여기신 바 되었느니라"(롬 4:3) - 바울은 "*일을 아니할지라도* 경건치 아니한 자를 의롭다 하시는 이를 *믿는 자에게는* 그의 믿음을 의로 여기[신다.]"(롬 4:5)고 말했습니다. 그렇다면 우리는 율법과 복음 사이에는 엄청난 차이점이 있음을 보게 됩니다. 율법은 "이를 행하는 자는 그 가운데서 살리라."(갈 3:12)고 말합니다. 하지만 복음은 하나님을 "곧 이 때에 자기의 의로우심을 나타내사 자기도 의로우시며 또한 예수 믿는 자

를 의롭다"(롬 3:26)고 선언하시는 칭의자로 선포합니다. 사람이 의롭게 되는 것은 더 이상 - 사람의 측면에서 무언가를 행함으로써 성취하는 - 행위의 문제가 아닙니다. 하나님은 인간이 처해있는 모든 상황 속에서 인간은 완전하고도 전적인 실패를 해왔음을 보여주셨습니다. 율법 없이 살아온 이방인, 율법 아래 있었던 유대인, 모두 죄인으로 소환되었습니다. 이제 모든 사람은 자신의 입을 막고, 온 세상은 하나님 앞에서 유죄 상태에 있습니다(롬 3:19). 바로 이러한 사실 때문에, 사람은 자기 힘으로 이 유죄 상태에서 벗어나거나 또는 자신을 구원하기 위해서 할 수 있는 일이 아무 것도 없습니다. 다만 사람은 정죄 아래 있으며, 잃어버린바 되었습니다. 따라서 무슨 선한 행실이나 행동을 한다 해도 아무 효력이 없습니다. 따라서 이제 구원을 받으려면, 그것은 오직 믿음의 원리로만 가능합니다. "너희가 그 은혜를 인하여 믿음으로 말미암아 구원을 얻었나니 이것이 너희에게서 난 것이 아니요 하나님의 선물이라."(엡 2:8) 사람은 자신의 최선의 노력을 다한다 해도, 결코 하나님 앞에서 의롭게 될 수 없으며, 의를 획득하지 못합니다. 따라서 하나님의 의(義)를 계시하고 있는 복음 앞에 무릎을 꿇어야 합니다. "복음에는 하나님의 의가 나타나서 믿음으로 믿음에 이르게 하나니 기록된 바 오직 의인은 믿음으로 말미암아 살[기]"(롬 1:17) 때문입니다.

이 점을 이해하는 것은 무엇보다 중요합니다. 왜냐하면 그토록 많은 영혼들이, 옛날 유대인들처럼 이 점에서 실패하고 있기 때문입니다. 로마서 10장 3-4절은, "하나님의 의를 모르고 자기 의를 세우려고 힘써 하나님의 의를 복종치 아니하였느니라 그리스도는 모든 믿는 자에게 의를 이루기 위하여 율법의 마침이 되시니라"고 말합니다. 따라서 영혼들이 "자기 의를 세울 수 없을 뿐만 아니라" 또한 하나님 앞에서 "우리는 다 부정한 자 같아서 우리의 의는 다 더러운 옷 같으며 우리는 다 쇠패함이 잎사귀 같으므로 우리의 죄악이 바람같이 우리를 몰아[갈]"(사 65:4) 뿐임을 온전히 깨닫기까지는, 오직 믿음의 원리에 의해서만 의롭다 함을 받으며, 구원을 받으려면 그것은 그리스도 예수 안에 있는 자들을 향해서 베푸시는 하나님의 은혜에 의해서만 가능하다는 진리를 받아들일 수 없을 것입니다. 하지만 일단 복음의 이치를 깨닫게 되면, 그 유익은 실로 엄청날 것입니다. 왜냐하면 그 눈은 즉시 자신을 더 이상 보지 않게 되고, 유일하신 구세주이신 그리스도만을 바라보게 되며, 또한 자신이 무엇을 행함으로 하나님께 드리려는 행위의 원리를 포기하고, 기꺼이 믿음의 원리 위에 서있는 하나님의 의(義)에 순복하게 될 것이기 때문입니다.

2. 이제 우리는, **의롭다 함을 받으려면 무엇을 믿어야 하는가?**에 대해서 살펴보겠습니다.

이 질문에 대한 해답은 로마서 4장에 잘 설명되어 있습니다. 우리가 이미 살펴보았듯이, 사도 바울은 아브라함이 하나님을 믿으매, 그것을 저에게 의로 여기셨다고 기술했습니다. 게다가 사도는 아브라함의 믿음의 배경과 특징을 상세히 설명하면서, 아브라함이 의롭게 된 것은 할례받기 이전이며 또한 그가 받은 약속은 율법과는 아무 상관이 없다는 점을 지적했습니다(롬 4:9-16). 그리고 나서 "저에게 의로 여기셨다 기록된 것은 아브라함만 위한 것이 아니요 의로 여기심을 받을 우리도 위함이니 곧 **예수 우리 주를 죽은 자 가운데서 살리신 이를 믿는 자니라** 예수는 우리 범죄함을 위하여 내어 줌이 되고 또한 우리를 의롭다 하심을 위하여 살아나셨느니라." (롬 4:23-25)고 말하고 있습니다. 아브라함이 가졌던 믿음의 대상은 "아브라함이…세상의 후사가 되리라" (롬 4:13)고 약속하신 하나님이었습니다. 그리고 아브라함은 "바랄 수 없는 중에 바라고 믿었으니 이는 네 후손이 이 같으리라 하신 말씀대로 많은 민족의 조상이 되게 하려 하심을 인함이라 그가 백 세나 되어 자기 몸의 죽은 것 같음과 사라의 태의 죽은 것 같음을 알고도 믿음이 약하여지지 아니하고 믿음이 없어 하나님의 약속을 의심치 않고 믿음에 견고하여져서 하나님께 영광을 돌리며 약속하신 그것을 또한 능히 이루실 줄을 확신하였으니 그러므로 이것을 저에게 의로 여기셨[던 것입니다.]" (롬 4:18-22)

그렇다면 아브라함의 믿음의 대상은 약속의 하나님(a God of promise)이었습니다. 하지만 이와는 달리 **우리 믿음의 대상은 성취의 하나님(a God of accomplish)**이십니다. 따라서 만일 우리가

"예수 우리 주를 죽은 자 가운데서 *살리신 이를[하나님을]* 믿는" (롬 4:24)다면 의로움이 우리에게 전가될 것입니다. 그러므로 하나님이 복음을 통해서 죄인들에게 은혜로 개입하신 분으로, 그리스도를 통해서 구속을 준비하신 분으로 제시된 것입니다. 따라서 복음은 그리스도를 우리의 범죄함을 위해서 내어줌이 되고, 또 우리의 칭의를 위해서 다시 살아나신 분으로 증거하고 있습니다. 그렇다면 구원의 하나님이신 하나님은 죄인들에게 오직 그분을 믿는 믿음 외에는 아무 것도 요구하지 않으십니다. 아무 것도 요구하지 않으시는 이유는, 자신의 독생자를 보내심으로써 우리의 죄에 대한 책임을 독생자 예수 그리스도께 짊어지게 하셨고, 거룩하신 하나님이 우리에게 요구하시는 모든 의무를 그리스도의 죽음으로써 제하셨으며, 죄 문제를 영원히 해결하셨기 때문입니다. 그렇게 하나님은 완성된 구속의 역사로 인해서 영광을 받으셨기 때문에, 믿는 모든 사람을 영접하시고 또 의롭게 하시는 일에 공의로우실 수 있습니다. 이제 하나님은 그 마음에서 흘러넘치는 은혜와 사랑으로 죄인들을 위한 모든 것을 예비해주셨습니다. 즉 모든 죄책에서 죄인을 정결하게 하는데 절대적으로 필요한 그리스도의 보혈과 하나님의 임재 가운데 설 수 있게 해주는 신적인 의(義)를 예비하셨습니다.

사실 이 두 가지, 즉 죄 사함과 칭의가 죄인을 그가 자리 잡고 있는 상태, 즉 하나님에게서 멀리 떠나있고, 유죄상태이며, 사망의 자리에서 하나님에게로 옮기는데 필요한 핵심 요소인 것입니다. 은혜의 복음을 통해서 하나님은 사람에게서 무엇을 받으시는 분이 아니라 오히려 베푸시는 분으로서 제시되고 있으며, 또한 자신을 우리를 위해서 자기 아들을 통해서 이루신 일에 대한 하나님의 증거를 믿어야 할 믿음의 대상으로서 제시하고 있습니다.

로마서 3장에 보면, 그리스도의 피가 믿음의 대상으로 제시되어 있습니다. "그리스도 예수 안에 있는 속량으로 말미암아 하나님의 은혜로 값없이 의롭다 하심을 얻은 자 되었느니라 이 예수를 하나님이 **그의 피로써 믿음으로 말미암아** 화목제물로 세우셨으니"(롬 3:24,25) 여기의 연결점은 다릅니다. 사람 - 온 세상 - 은 하나님 앞에서 유죄상태에 있습니다(19절). 그렇다면 문제는 심판자이신 하나님의 모든 요구를 어떻게 충족시키느냐에 달려 있습니다. 그리고 그에 대한 해답은 하나님의 은혜로 준비된 그리스도의 피에 있습니다. 따라서 가장 악한 죄인일지라도 그리스도의 피를 믿는 믿음을 통해서 하나님 앞에 나아올 수 있으며, 뿐만 아니라 의롭다 함을 받을 수 있습니다(24-26절). 이제 성경 본문을 보면, 하나님은 구원의 하나님으로서 그리스도의 사역으로 만족하셨고, 그리스도의 죽음을 통해서 죄에 대한 속죄를 이루셨습니다. 이제 하나님은 완성된 구속을 통해서 은혜의 하나님으로, 따라서 죄인이 믿어야 할 믿음의 대상으로서 자신을 계시해주십니다. 이 얼마나 단순하면서도 복된 일인지요! 과연 하나님께서 죄인들에게서 무엇을 요구하고 계십니까? 아닙니다. 다만 저들로 하나님을 믿을 뿐만 아니라 죄를 속죄하는 자기 아들의 죽음을 통해서 이루신 하나님의 증거를 믿도록 요구하실 뿐입니다. 그와 동시에 하나님은 죽은 자 가운데서 예수 우리 주님을 다시 살리신 부활의 사실을 통해서 자신의 증거를 확증하고 있습니다. 마치 하나님은 우리에게 이렇게 말씀하시는 듯합니다.

"만일 그리스도가 너희의 범한 죄들을 위해서 내어줌이 되고, 그리스도의 죽음에 의해서 그 모든 죄들을 대속했으며, 너희를 향한 나의 거룩한 모든 요구들을 완전히 만족시킨 것에 대한 증거를 원한다면, 보라, 그 증거를 주겠노라. **그 증거는 바로 그리스도의 부활**이다. 내가 그를 죽은 자들 가운데서 다시 살렸고, 영광 중에 나의 우편에 앉게 하였노라. 이는 그리스도가 속죄 사역을 다 이루었고, 그것을 내가 받았음을 확증하는 증거이다."

**3. 하나님을 믿는 모든 사람은 의롭다 함을 받았습니다.**
"우리가 **믿음으로 의롭다 하심을 받았으니**"(롬 5:1) 그렇습니다. 우리는 믿음에 의해서 하나님 앞에서, 그리스도 안에서 의롭게 되었습니다. 이는 "하나님이 죄를 알지도 못하신 이를 우리를 대신하여 죄로 삼으신 것은 우리로 하여금 그 안에서 하나님의 의가 되게 하셨기 때문입니다.]"(고후 5:21) 의롭게 된 것은 죄 사함을 받고 죄책에서 깨끗하게 되는 것보다 더 큰 것입니다. 왜냐하면 우리는 칭의를 통해서, 하나님의 임재 속으로 들어갈 수 있는 자격을 주는 결정적인 의(a positive righteousness)를 가진 사람이 되기 때문입니다. 우리가 살펴본 대로, 그리스도의 피는 우리에게 이러한 자격을 가져다주는 효력을 가지고 있을 뿐만 아니라 그리스도의 피는 우리의 죄들을 영원히 속죄함으로써 하나님께 영광을 돌릴 만큼 엄청난 가치를 지니고 있습니다. 따라서 하나님은 공의롭게 우리를 받아주시고, 용서하시고, 의롭다 하시고, 또한 그리스도께서 계신 영광의 자리로 초청하는 일을 하십니다. 따라서 사도 바울이 고린도전서 1장 30절에서 말한 대로, "너희는 하나님으로부터 나서 그리스도 예수 안에 있고 예수는 하나님으로부터 나와서 우리에게 지혜와 *의로움과* 거룩함과 구속함이 되[어 주신 것입니다.]"(고전 1:30) 이 말은 우리가 하나님 앞에서 온전히 그리스도와 일치를 이루고 있으며, 그리스도의 자리가 곧 우리의 자리이며, 또한 그리스도를 받으신 것과 동일하게 우리도 받으신다는 의미입니다. 이는 우리가 그리스도 안에 있기 때문입니다. 따라서 사도 요한은 "주께서 그러하심과 같이 우리도 이 세상에서 그러하니라"(요일 4:17)고 말할 수 있었습니다.

이것은 우리가 받은 칭의의 총체적인 특징을 보여주기에 충분합니다. 의심하는 영혼들에겐 신자를 의롭다고 하시는 분이 다른 누구도 아닌 바로 하나님 자신이심을 기억하는 것이 도움이 될 것입니다. 만일 하나님께서 우리를 의롭다고 하신다면, 만일 하나님께서 우리를 위해서 이루신 일을 통해서 우리를 모든 죄책에서 깨끗케 하시고, 또 하나님 앞에서 우리를 그리스도 안에 두셨다면, 그렇다면 누가 우리를 정죄할 수 있을까요?

"누가 능히 하나님께서 택하신 자들을 고발하리요 의롭다 하신 이는 하나님이시니 누가 정죄하리요 죽으실 뿐 아니라 다시 살아나신 이는 그리스도 예수시니 그는 하나님 우편에 계신 자요 우리를 위하여 간구하시는 자시니라."(롬 8:33,34)

누가 과연 의롭다 함을 받은 신자를 죄인으로 고소할 수 있단 말입니까? 누가 과연 우리를 그리스도 안에서 받아주신 일의 완전성을 훼손할 수 있을까요? 아무도 없습니다. 이는 하나님이 말씀하셨기 때문입니다. 하나님께서 우리에게 "믿음으로 의롭다 함을 받았다."(롬 5:1)고 선언하셨습니다. 하나님의 말씀은 영원합니다.

**4. 화평은 의롭다 함을 받은 사람들이 누리는 복입니다.**

"그러므로 우리가 *믿음으로 의롭다 하심을 받았으니* 우리 주 예수 그리스도로 말미암아 *하나님과 화평을 누리자*"(롬 5:1) "우리가 화평을 누리자"는 말은 항상 화평 속에서 늘 기쁨을 누리는 것을 의미하지는 않습니다. 왜냐하면 하나님 앞에서 의롭다 함을 받은 많은 사람들이 이러한 화평을 알고는 있지만 기쁨으로 누리고 있지는 못할 수도 있기 때문입니다. 이 구절의 의미는 이 화평이 우리에게 속했다는 것이며, 이 화평이 하나님과 우리 영혼 사이에 놓여 있다는 것입니다. 하나님과 우리 사이의 모든 문제가 완전히 해결되었고, 하나님은 우리를 대적하지 않으시기 때문에, 이 화평이 바로 우리의 분복이라는 것입니다.

만일 화평이 이루어졌고, 또 화평이 우리에게 속했다면, 정작 우리 영혼으로 하여금 이 화평을 소유하고 누리는 일을 도대체 무엇이 방해하고 있는 것일까요? 바로 불신앙입니다. 우리 영혼은 하나님이 우리를 위해서 이루신 일을 바라보는 대신, 오히려 우리 자신의 상태를 들여다보고 있습니다. 우리는 이 화평이 우리의 것이 되었다는 사실을 앎으로써만이 이 화평을 누릴 수 있으며, 하나님의 말씀을 믿음으로써만이 이 화평을 우리의 것으로 삼을 수 있습니다. 만일 우리가 의롭게 되었으며 또한 이 화평을 가지고 있다고 믿는다면, 우리의 감정이나 경험과는 상관없이 이 화평을 누릴 수 있습니다. 따라서 우리는 하나님의 말씀을 단순히 신뢰할 때에만 화평을 누리며 영혼의 안식을 맛볼 수 있게 됩니다. 무엇보다 중요한 것은 이 화평이 우리의 소유가 되었다는 것을 아는 것입니다. 그렇지 않으면 우리 영혼은 의심과 두려움에 빠져서 여기 저기로 요동하게 될 것입니다. 그 이유는 우리가 하나님 은혜의 충족성을 믿기를 주저하고 있기 때문입니다. 그렇다면 약하고 속수무책인 상태에 빠지게 되고, 쉽게 시험하는 자의 먹잇감이 될 것입니다. 반면에 만일 우리가 다만 하나님께서 그리스도의 사역을 통해서 화평을 이루셨고 또 우리와 화평의 관계를 맺고 계시기 때문에, 우리가 하나님과의 화평을 가지고 있다는 확실한 하나님의 말씀을 고요하게 의지하게 된다면, 우리는 인생의 폭풍 속에서도 찬송을 부르고, 어떠한 시련에도 아무 두려움 없이 정면으로 맞서며, 사탄의 간교한 계략에 미동조차 하지 않을 것입니다. 왜냐하면 이 화평은 그리스도의 십자가에 뿌리를 내리고 있기에, 그만큼 확실하고 견고하며, 취소불가하고 절대불변하며, 세세무궁토록 견고한 반석 같은 터 위에 세워져 있기 때문입니다. 의롭다 함을 받은 사람의 소유가 된 **화평은 완성된 구속의 결과**이며, 십자가에 터 잡고 있을 뿐만 아니라 그리스도의 부활에 의해서 보증되어 있습니다.

만일 하나님께서 의로우실 뿐만 아니라 예수님을 믿는 모든 사람을 의롭다고 하시는 칭의자이신 사실을 기억한다면(롬 3:26), 우리는 강한 확신을 가질 수 있습니다. 하나님은 그리스도의 사역, 그리고 그 사역을 이루신 그리스도께서 획득하신 모든 권리에 대해서 공의로 대하시는 분이십니다. 그리스도는 이 모든 것을 우리를 위해서 공의로운 방법으로 획득하셨습니다. 그리스도를 바라보면, 그리스도께서 우리의 화평으로 다가옵니다(엡 2:14). 따라서 이 화평은 그리스도와 분리될 수 없습니다. 게다가 이 화평은 그리스도 안에 있으며, 또한 그리스도로 말미암아 우리에게 주어진다는 것을 결코 잊어서는 안될 것입니다. 결론적으로, 이 화평은 공의로운 화평이며 또한 하나님께서 우리 주 예수 그리스도로 말미암아 우리에게 공의롭게 베푸시고 또한 우리에게 안전하게 확보된 화평인 것입니다.

# 제 6장 내가 어떻게 하여야 구원을 받으리이까?

지금까지 영혼의 필요에 대한 하나님의 준비에 대해서 살펴보았습니다. 이제 우리는 사람의 측면에서 이 주제를 생각해보겠습니다. 자신의 죄를 깨닫게 된 사람은 곧 "내가 어떻게 해야 하는가?"라는 질문이 마음 속에 이런 저런 형태로 일어나게 됩니다. 이 일은 오순절 유대인들이 베드로의 설교를 들을 때, 성령님이 능력으로 역사하신 결과로 그들의 마음이 찔림을 받으면서 일어났습니다. 그들은 "형제들아 우리가 어찌 할꼬?"라고 부르짖었습니다. 빌립보 간수도 바울과 실라에게 "내가 어떻게 하여야 구원을 받으리이까?"(행 16:30)라고 간청했습니다. 우리 주님도 두 번이나 "내가 무엇을 하여야 영생을 얻으리이까?"(막 10:17, 눅 10:25)라는 질문을 받았습니다. 반면에 사울, 곧 바울은 우리 주님께 "주님, 제가 무슨 일하기를 바라십니까?"(행 9:6, 우리 성경에는 이 구절이 없음. KJV 참조)라고 물었는데, 이 경우는 좀 다른 경우입니다.

이러한 질문들의 특징은 "내가" 무엇을 해야 하는가에 중점을 두고 있으며, 무언가를 해야 한다는 생각에 사로잡혀 있다는 것입니다. 그래서 "내가 무엇을 하여야?"라고 묻는 것은 이러한 질문을 한 사람들이 아직은 하나님은 누구시며, 또한 하나님 앞에서 자신의 자리가 무엇인지를 아무 것도 모르고 있다는 분명한 증거가 됩니다.

이러한 이유 때문에 이 질문에 대답하는 것은 매우 중요합니다. 왜냐하면 이것은 많은 영혼들에게 있어서 그들의 역사의 독특한 한 경점을 지나고 있기 때문입니다. 구원을 갈망하는 영혼들의 경우, 그들 영혼의 두려움을 느끼는 순간에 이와 동일한 질문을 하지 않는 사람은 거의 없었습니다. 그러므로 우리는 몇 가지 사례를 살펴봄으로써, 하나님의 말씀을 통해서 그 질문에 대한 답변을 찾아보겠습니다.

### 1. 젊은 청년의 경우(막 10:17, 마 19:16, 눅 18:18)

"예수께서 길에 나가실새 한 사람이 달려와서 꿇어 앉아 묻자오되 선한 선생님이여 내가 무엇을 하여야 영생을 얻으리이까 예수께서 이르시되 네가 어찌하여 나를 선하다 일컫느냐 하나님 한 분 외에는 선한 이가 없느니라 네가 계명을 아나니 살인하지 말라, 간음하지 말라, 도둑질하지 말라, 거짓 증언하지 말라, 속여 빼앗지 말라, 네 부모를 공경하라 하였느니라 그가 여짜오되 선생님이여 이것은 내가 어려서부터 다 지켰나이다." (막 10:17-20) (마태복음에서는 이 젊은 사람이 "아직도 무엇이 부족하니이까?"라는 물음을 덧붙이고 있습니다.) 그러자 "예수께서 그를 보시고 사랑하사 이르시되 네게 아직도 한 가지 부족한 것이 있으니 가서 네게 있는 것을 다 팔아 가난한 자들에게 주라 그리하면 하늘에서 보화가 네게 있으리라 그리고 와서 나를 따르라 하시니 **그 사람은 재물이 많은 고로 이 말씀으로 인하여 슬픈 기색을 띠고 근심하며 가니라.**" (막 10:17-22) 이 사례는 이 젊은 청년이 행실과 성품에 있어서 그토록 흠이 없고 또 나무랄 데 없다는 사실 때문에 매우 특별하고 교훈적이라고 할 수 있습니다. 그는 성실하고 올곧은 사람이었고, 사도 바울처럼, 자신에 대해서 "율법의 의로는 흠이 없는 자"(빌 3:6)라고 말할 수 있는 사람이었습니다. 게다가 그는 우리 주님이 열거하신 계명에 대해서 "이 모든 것은 내가 어려서부터 다 지켰나이다." 그리고 "아직도 내게 무엇이 부족하나이까?"라고 대답했습니다(마 19:20 참조).

이것은 오늘날 우리 시대의 많은 청년들과 기타 사람들의 모습이 아닐는지요? 도덕적인 측면에서 볼 때, 그들의 외적인 삶의 모습은 아무 흠잡을만한 것이 없어 보입니다. 친절하고, 정감이 넘치고, 사랑스럽습니다. 아들과 딸로서 자신의 의무에 충실하며, 삶의 모든 관계 속에서 정직하고 훌륭하고, 종교적 의무로 정해진 것도 성실하게 준수하고 있습니다. 그들은 자신들을 둘러싼 모든 인간관계에서, 친척과 친구들 사이에서 인정을 받고 있습니다. 그들에게 무엇이 부족한 것처럼 보이나요? 이 젊은 사람에게 하신 주님의 대답이 바로 우리 질문에 대한 대답입니다. 그렇다면 핵심은 무엇일까요?

첫 번째, 사람이 하나님께 가져올 수 있는 것이란 아무 것도 없습니다. 그렇다면 영생을 얻기 위해서 사람이 할 수 있는 일이란 아무 것도 없는 것입니다. 바울처럼, 그 청년도 자신의 의는 다 더러운 옷 같으며, 무엇이든지 자신에게 유익하던 것을 그리스도를 위하여 다 해로 여길뿐더러, 하나님 앞에선 자신 뿐만 아니라 자신이 행한 일도 아무 가치가 없다는 것을 배워야만 했습니다. 그렇습니다. 사람이 가진 최선의 것들은 그저 무가치하고 부정한 것처럼 여겨져야만 합니다.

두 번째, *그리스도 예수를 아는 지식의 고상함 때문에 기꺼이 모든 것을 - 자기 자신, 자기 의, 그리고 세상까지도 - 잃어버릴*

***수 있어야 합니다.*** 따라서 우리 주님은 젊은 청년에게 그가 가진 모든 것을 다 팔아 가난한 자들에게 주고, 그리고 "와서 십자가를 지고 나를 따르라"(막 10:21, KJV 참조)고 말씀하신 것입니다.

바로 그것이 "내가 무엇을 하여야 영생을 얻으리이까?"라는 질문에 대한 첫 번째 답변입니다. 그렇다면 당신은 우선 아무 것도 하지 말고, 아무 것도 되지 않는 자리에 있어야 합니다. 자아도, 세상도, 그리고 모든 것을 예수님의 발 아래 아무 것도 아닌 상태로 둘 수 있어야 합니다. 이 전체 이야기가 주는 엄숙한 경고를 잊지 말고, 개인의 도덕적 성취 또는 사회적 신분이 주는 유익 등은 그리스도께 나아가는 최대의 장애물로 여기도록 합시다. 왜냐하면 그러한 것들은 하나님 앞에서 자기 영혼의 실제적인 상태를 은폐하거나 속이도록 작용하기 때문입니다.

### 2. 율법 교사의 경우(눅 10장)

이 경우는 전체적으로 다양한 측면에서 생각해보아야 합니다. 왜냐하면 이 율법 교사는 그리스도를 시험하기 위해서 나아왔고, 따라서 도덕적 측면이 매우 저급한 상태에 있었기 때문입니다. 따라서 우리 주님은 이 상황을 사람의 참된 상태에 대한 깊은 교훈을 드러내는 장으로 삼으셨습니다.

"어떤 율법교사가 일어나 예수를 시험하여 이르되 선생님 내가 무엇을 하여야 영생을 얻으리이까 예수께서 이르시되 율법에 무엇이라 기록되었으며 네가 어떻게 읽느냐 대답하여 이르되 네 마음을 다하며 목숨을 다하며 힘을 다하며 뜻을 다하여 주 너의 하나님을 사랑하고 또한 네 이웃을 네 자신 같이 사랑하라 하였 나이다 예수께서 이르시되 네 대답이 옳도다 이를 행하라 그러 면 살리라 하시니 이 사람이 자기를 옳게 보이려고 예수께 여짜 오되 그러면 내 이웃이 누구니이까?"(눅 10:25-37)

그 후 선한 사마리아인의 비유가 이어집니다. 여기서 주님은 자신을 시험하고 있는 율법 교사를 그가 서있는 율법의 자리에 세우셨습니다. 그리고 주님은 율법의 요구에 대한 그의 진술을 받아들이신 후에, "이를 행하라 그러면 살리라."는 말로 율법을 선포하셨습니다. 이것은 레위기 18장 5절, "사람이 이를 행하면 그로 말미암아 살리라."를 진술하신 것입니다. 주님은 육신 가운데 있는 사람에 대한 하나님의 요구의 기준이라고 하는 본래 의도에 따라서 율법을 사용하셨고, 그렇게 율법을 통해서 죄를 깨닫게 하셨습니다(롬 3:20). 왜냐하면 "네 대답이 옳도다. 이를 행하라 그러면 살리라."는 주님의 말씀이 시험하는 율법 교사의 죄를 확증하고 있기 때문입니다. 게다가 우리는 "이 사람이 자기를 옳게(의롭게) 보이려고 예수께 여짜오되 그러면 내 이웃이 누구니이까?"라고 말하는 것을 볼 수 있습니다. 주님은 "살아 있고 활력이 있어 좌우에 날선 어떤 검보다도 예리하여 혼과 영과 및 관절과 골수를 찔러 쪼개기까지 하며 또 마음의 생각과 뜻을 판단하는"(히 4:12) 하나님의 말씀을 사용해서 율법 교사의 마음을 시험하셨지만, 그는 신적인 요구의 순종 불가능한 특성을 인정하고 그 앞에 엎드리기 보다는 교묘히 율법의 적용을 피해보고자 했습니다. 그리곤 하나님의 계명을 순종할 수도 없었고 또 율법의 계명 가운데 어느 한 계명도 순종해본 일도 없으면서도, 마치 사람이 하나님 앞에서 의로울 수 있는 것처럼, 자신을 의롭게 보이고자 했습니다. 하지만 주님은 그 마음에 죄를 깨닫도록 하기 위해서, 강도 만나 거의 죽게 된 사람과 그가 사마리아 사람에 의해서 구조된 이야기를 통해서, 누가 그의 이웃인가를 가르치셨습니다.

그렇다면 "내 이웃이 누구니이까?", "내가 무엇을 하여야 영생을 얻으리이까?" 라는 질문에 대해 이렇게 답변하심으로써 가르치고자 하신 특별한 교훈은 무엇이었을까요? 영생을 얻기 위해서 사람이 할 수 있는 일이 아무 것도 없을 뿐만 아니라, **사람은 그저 하나님 앞에서 죄인에 불과하다는 사실을 깨닫게 하는 것**이었습니다. 따라서 우리는 이 비유를 통해서 죄인으로서 사람의 상태에 대한 선명한 그림을 볼 수 있습니다. 그래서 성경은 이 사실을 "어떤 사람이 예루살렘에서 여리고로 내려가다가 강도를 만나매 강도들이 그 옷을 벗기고 때려 거의 죽은 것을 버리고 갔더라"(눅 10:30)고 묘사하고 있습니다. 여기서 여행객이 강도를 만난 장소에 주목하시기 바랍니다. 그는 하나님의 도성, 예루살렘에서 저주의 도성, 여리고(수 6:26)로 내려가고 있었습니다. 이것은 멸망을 향해 나아가고 있는 죄인들의 행로를 너무도 선명하게 묘사하고 있습니다. 그는 강도를 만났습니다. 강도들은 그의 옷을 벗기고 때려 거의 죽게 만들었으며 그대로 두고 떠났습니다. 그는 절망적인 상태에서, 아무 소망도 없이, 죽기만을 기다리고 있습니다.

이처럼 선명한 그림 속에서 죄인으로서 인간의 상태를 보지 못하는 사람이 있을까요? 이러한 상태 속에 있는 사람이 그야말로, "내가 무엇을 하여야 영생을 얻으리이까?"라고 묻는다면, 이 얼마나 어리석은 일인가요? 오히려 그를 구하려면 어찌 해야 합니까? 라고 물어야 할 것입니다. 이것이 바로 우리 주님이 율법 교사에게 가르치고자 하신 교훈이었습니다. 즉 전적으로 무능력한 죄인이 무엇을 할 수 있을까를 묻는 어리석음과 그가 구원받으려면 **오직 은혜와 다른 누군가의 도움이 절대적으로 필요하다**는 교훈입니다. 그리고 후자의 진리는 사마리아 사람을 통해서 제시되었습니다. 우선적으로 제사장과 레위인은 절망적인 상태에 빠져있는 강도 만난 사람을 보고 피하여 지나갔다는 사실을 생각해보아야 합니다. 이것은 영혼을 구원하는 일에 율법은 아무 소용이 없다는 것을 말해줍니다. 그후 사마리아 사람이 등장합니다. "어떤 사마리아 사람은 여행하는 중 거기 이르러 그를 보고 불쌍히 여겨 가까이 가서 기름과 포도주를 그 상처에 붓고 싸매고 자기 짐승에 태워 주막으로 데리고 가서 돌보아 주니라 그 이튿날 그가 주막 주인에게 데나리온 둘을 내어 주며 이르되 이 사람을 돌보아 주라 비용이 더 들면 내가 돌아올 때에 갚으리라."(눅 10:33-35) 그렇다면 여기 사마리아 사람은 누구일까요? 분명 그리스도 외에 그 누구도 아닙니다. 그리스도는 사람을 불쌍히 여기시는 사랑으로 잃은 자를 찾아 구원하기 위해서 오신 분이십니다. 그리스도는 가련하고 소망 없는 사람들의 영혼을 보시고 측은히 여기시고, 상처 입은 영혼들의 상처를 싸매시며, 그들을 안전한 곳으로 인도하셔서 다시 올 때까지 그들을 돌보시고, 보호하시며 모든 필요를 채워주십니다. 그러므로 우리가 전체적인 그림을 통해서 배울 수 있는 것은 다음과 같습니다.

(1) 사람은 죄인이다.
(2) 죄인으로서 사람은 소망 없는 상태에 빠져 있을 뿐만 아니라 잃어버린바 되었다.
(3) 죄인이 할 수 있는 일은 아무 것도 없다.
(4) 구원을 받으려면, 그리스도가 필요하며 또한 그리스도께서 이루신 일이 필요하다.

### 3. 빌립보 간수의 경우(행 16장)

우리는 오순절 유대인들의 사례 보다는 빌립보 간수의 사례를 살펴보고자 합니다. 왜냐하면 빌립보 간수의 이야기는 매우 독특한 특징을 가지고 있기 때문입니다. 바울과 실라는 흥분한 무리들의 선동에 의해서 빌립보 감옥에 갇히게 되었습니다. 그리고 한밤중에 바울과 실라는 기도하고 하나님을 찬송했습니다. 그러자 "갑자기 큰 지진이 나서 옥터가 움직이고 문이 곧 다 열리며 모든 사람의 매인 것이 다 벗어[지게]"(행 16:26) 되었습니다. 감옥을 지키고 있던 간수는 크게 두려워하며, 극도로 긴장한 순간에, 죄수들이 도망한 줄로 생각하고 자결을 하고자 했습니다. 그때 바울이 큰 소리를 지르며 그를 저지했습니다.

"네 몸을 상하지 말라 우리가 다 여기 있노라 하니 간수가 등불을 달라고 하며 뛰어 들어가 무서워 떨며 바울과 실라 앞에 엎드리고 그들을 데리고 나가 이르되 선생들이여 **내가 어떻게 하여야 구원을 받으리이까** 하거늘 이르되 주 예수를 믿으라 그리하면 너와 네 집이 구원을 받으리라."(행 16:29-31)

어째서 바울과 실라는, 앞서 우리 주님이 다루신 두 가지 사례와는 다르게 빌립보 간수를 다루고 있는 것일까요? 각 사례에 나타난 대답을 보면, 질문한 사람의 도덕적 상태를 반영하고 있음을 볼 수 있습니다. 그래서 바울과 실라는 빌립보 간수에게 그리스도를 즉시 제시할 수 있었습니다. 왜냐하면 **빌립보 간수는 사마리아 사람의 비유에 있는 거의 죽은 사람과 같은 도덕적인 상태(moral condition)에 있었기 때문**입니다. 따라서 만일 독자 가운데 누가 "내가 어떻게 하여야 구원을 받을 수 있습니까?"라고 같은 질문을 할지라도, 빌립보 간수와 같은 영적 상태에 있지 않다면 바울과 실라는 같은 답변을 하지 않았을 것입니다. 이 진리는 이 책의 제2장에서 이미 살펴보았지만, 여기서 다시 한번 강조하고 싶습니다. 이 교훈을 배울 때까지 구원의 길은 결코 열리지 않을 것입니다. 그렇다면 사랑하는 독자이여, 당신은 진정 하나님을 위해서 할 수 있는 일이란 전혀 없으며, 심지어 전에 당신에게 유익하던 모든 일조차도 하나님 앞에서 아무 가치가 없고, 게다가 당신은 그저 죄인일 뿐이며 다만 잃어버린바 된 존재이며 절망적인 상태에 빠져 있을 뿐임을 자각하고 있습니까? 따라서 당신의 구원을 위해서 당신이 할 수 있는 일이란 아무 것도 없고, 구원받기 위해선 다른 누군가의 은혜와 수고가 필요하다고 느끼고 있습니까? 당신이 정말 그러하다면, 우리는 다음 구절 속에 담긴 참으로 복된 진리를 이제 당신에게 소개해드리고 싶습니다.

"주 예수 그리스도를 믿으라. 그리하면 구원을 받으리라."(31절)

그러므로 구원을 받으려면, 또는 영생을 얻으려면, 당신은 주 예수 그리스도를 믿어야 합니다. 이것은 **행함의 문제가 아니라 믿음의 문제**입니다. 다시 말해서 구원은 죄인이 할 수 있는 일이 아니라 그리스도께서 행하시는 일입니다. 그리스도는 내가 지은 죄들을 가져가시고, 나는 그리스도께서 행하신 일의 열매를 얻는 것입니다. 그렇다면 언제나 영원토록 "주 예수 그리스도를 믿으라. 그리하면 구원을 얻으리라"는 것은 진리인 것입니다. 다른 방법, 다른 길은 없습니다. 따라서 구원은 항상 믿음과 연결되어 있습니다. 몇 가지 성경 구절을 소개해드리겠습니다. "네 믿음이 너를 구원하였으니 평안히 가라"(눅 7:50), "일어나 가라 네 믿음이 너를 구원하였느니라"(눅 17:19), "아들을 믿는 자에게는 영생이 있고" (요 3:36), "내 말을 듣고 또 나 보내신 이를 믿는 자는 영생을 얻었고 심판(또는 정죄)에 이르지 아니하나니 사망에서 생명으로 옮겼느니라"(요 5:24), "진실로 진실로 너희에게 이르노니 믿는 자는 영생을 가졌나니", "그에 대하여 모든 선지자도 증언하되 그를 믿는 사람들이 다 그의 이름을 힘입어 죄 사함을 받는다 하였느니라"(행 10:43), "우리가 믿음으로 의롭다 하심을 받았으니 우리 주 예수 그리스도로 말미암아 하나님과 화평을 누리자"(롬 5:1)

사랑하는 독자 여러분, 당신은 주 예수 그리스도를 믿으십니까? 우리는 먼저 죄인이 반드시 알아야 하는 자신의 자리에 대해서 살펴보았습니다. 죄인인 당신은 하나님이 죄인에 대해서 증거하신 증거를 받아들여야 합니다. 즉 죄인은 소망이 없고, 유죄 상태이며, 또한 잃어버린바 된 상태에 있습니다. 만일 당신이 당신 자신과 당신의 상태에 대한 하나님의 말씀을 받아들인다면, 우리는 이제 당신에게 세상 죄를 지고 가시는 하나님의 어린양에 대해서 설명을 드리고자 합니다. 우리를 본질상 죄인이며, 하나님의 눈 앞에 늘 죄를 짓는 죄인으로 선언하신 하나님께서는 그리스도 안에서 우리를 위하여 구속의 역사를 마련하셨습니다. "하나님이 세상을 이처럼 사랑하사 독생자를 주셨으니 이는 그를 믿는 자마다 멸망하지 않고 영생을 얻게 하려 하심이라"(요 3:16) 그러므로 당신 자신에게서 눈을 돌려 그리스도를 바라보시고, 그리스도에 대해서 증거하시는 하나님의 증거를 받아들이십시오. 그리하면 바라보는 동안 당신은 사망에서 생명으로 옮겨지는 것을 경험하게 될 것입니다.

"그러면 무엇을 말하느냐 말씀이 네게 가까워 네 입에 있으며 네 마음에 있다 하였으니 곧 우리가 전파하는 믿음의 말씀이라 네가 만일 네 입으로 예수를 주로 시인하며 또 하나님께서 그를 죽은 자 가운데서 살리신 것을 네 마음에 믿으면 구원을 받으리라 사람이 마음으로 믿어 의에 이르고 입으로 시인하여 구원에 이르느니라"(롬 10:8-10)

# 제 7장 흔히 제기되는 질문들

영혼이 영적으로 각성되고, 죄를 깨닫고, 구원을 받기 위해 그리스도를 바라보자마자 곧 여러 방면에서 그토록 간절하게 사모해 온 복을 잃어버릴 수도 있다는 위협과 더불어 다양한 어려움들이 다가오게 됩니다. 심지어 불신앙이 우리 마음에서 자연스럽게 일어나기도 하고, 그러한 불신앙에 의해서 의심은 점점 더 커지게 되며, 게다가 사탄의 활동에 의해서 영혼을 향한 압박이 심화될 것이기에, 어려움들은 극복이 불가능한 듯이 보입니다. 사람들이 흔히 제기하는 문제들과 질문들을 미리 생각해본다면, 상당한 유익이 있을 것입니다. 동시에 잊지 말아야 할 것은, 이 모든 문제들을 효과적으로 해결하실 수 있는 분은 주님 밖에 없다는 점입니다. 단순한 믿음으로 은혜의 보좌 앞으로 이러한 문제들을 가지고 나아간다면, 모든 어려움들은 더 이상 어려움이 되지 않을 것입니다.

**1. "내가 지은 죄들은 너무도 많고, 너무도 무겁습니다."** 자신을 판단하고 회개한 사람이 그리스도 예수 안에서 값없이 주어지는 하나님의 은혜에 대해서 들을라치면, 얼마나 자주 이런 식의 말을 토해내는지 모릅니다. 그는 "그래요. 그리스도는 능히 구원하실 수 있고, 또 하나님은 은혜로 저를 참아주셨습니다. 하지만 저는 너무도 죄를 많이 지었어요. 저는 빛과 지식을 거슬려 죄를 지었습니다. 다른 사람들은 쉽게 믿고 구원을 받는지 모르지만, 제겐 소망이 없습니다." 이러한 감정이 가지고 있는 실제적인 본질을 생각해보면, 둘 혹은 세 가지 특징을 볼 수 있습니다. 첫 번째, 이러한 말은 실제로는 그리스도의 보배로운 피가 가진 효력에 대한 의심을 표현하고 있습니다. 당신이 만일 피가 당신을 정결하게 할 수 없다고 믿는다면, 피는 아무 효력도 없을 것이고 당신의 죄는 여전히 그대로 있을 것입니다. 게다가 이것은 하나님이 은혜의 복음을 예비하시고 죄인들을 초청하신 하나님의 신실하심에 대한 불신을 표현하고 있습니다. 하나님은 누구든지 그리스도를 믿는 자마다 멸망하지 않고 영생을 얻는다(요 3:16)고 말씀하셨고, 또 누구든지 목마른 사람은 와서 값없이 생명수를 받으라(계

22:17)고 말씀하고 계시기 때문입니다. 만일 당신이 "믿는 자마다", 혹은 "누구든지"에 자신은 포함되지 않는다고 말할 것 같으면, 바로 그것이 하나님의 진리를 의심하는 것이 아니면 무엇일까요? 우리 주님은 친히 "나는 의인을 부르러 온 것이 아니요 죄인을 부르러 왔노라"(마 9:13)고 말씀하셨습니다. 이것은 사실 어떤 일부의 죄인을 부르시는 것이 아니라 모든 죄인들을 부르시는 것입니다. 따라서 당신이 죄인이라면 그리스도께 나아올 자격을 이미 갖춘 것입니다. 따라서 만일 당신이 자신의 죄악됨을 이미 깨달았다면, 자신을 하나님의 자비에서 제외시킬 이유가 전혀 없다는 것을 더욱 확신해야 마땅합니다.

그렇다면 그러한 느낌 혹은 감정이 혹시 자기 의(自己義)에 뿌리를 내리고 있는 것은 아닌지 살펴보는 것은 매우 중요합니다. 자기 의에 뿌리를 내리고 있다는 것은 사실 당신을 너무 가치 있는 존재로 보고 있음을 의미하기 때문입니다.

누군가 이런 말을 했습니다.
"하나님이 말씀하실 때, 내 속에 있는 무언가를 의지해서 믿기를 거절한다면, 나는 하나님을 거짓말하는 자로 만드는 것이다. 하나님이 그분의 사랑을 선언하실 때, 나는 나 자신을 그처럼 가치 있는 대상으로 생각하기 때문에 나는 믿기를 거절하는 것이다. 그렇다면 나는 내 마음 속에 내재되어 있는 교만을 드러내는 것이다. … 하나님의 사랑은 자발적으로 흐른다. 하나님의 사랑은 나의 미덕 때문이 아니라, 오히려 나의 비참함 때문에 촉발된 것이다. 이것은 내가 그만큼 가치 있는 존재이기 때문이 아니라, 다만 그리스도께서 그만큼 가치 있는 존재이시기 때문인 것이다. 그리스도께서 십자가에서 죄인의 자리를 대신하신 것은, 죄인으로 하여금 영광 중에 있는 그리스도의 자리를 얻게 하기 위함이다. 그리스도는 죄인의 무가치함을 취하셨고, 죄인은 그리스도의 가치를 얻었다. 따라서 자아는 철저하게 배격되어야 한다."

게다가 우리 주님은 지상에서 가장 천하고 저속한 사람을 영접하심으로써 당신이 이렇게 반대의 뜻을 펼칠 것을 미리 내다보셨습니다. "죄인"으로 불린 여자(눅 7:37-39)와 같은 시간 십자가에 달린 강도(눅 23:40-43)를 받으신 일은 가장 형편없고, 가장 큰 죄를 지은 사람들을 주님은 기꺼이 사랑하시고 받아주신다는 것을 알리는 영원히 기념비적인 사건입니다. 그렇다면 "너무 많은 죄를 지어서 믿을 수 없다."는 당신의 생각은 하나님의 말씀에 기록된 분명한 사례들과 진술에 의해서 해소가 될 것입니다. 일순간이라도, 구주의 발아래 회개하는 심령으로 나아온 사람은 누구나 영접해주시고 또 구원하실 수 있는 그리스도의 자비하신 마음과 능력을 가리는 그 어떠한 생각도 마음에 허용하지 마십시오.

2. "내가 지은 죄들을 충분히 느끼지 못하겠습니다." 이것은 있을 수 있는 일입니다. 신자들도 종종 이러한 불평을 하며, 이런 일

은 이 세상에 사는 마지막 순간까지 있을 수 있습니다. 그렇다면 이러한 불평은 구원을 열망하는 모든 사람이 겪을 수 있는 일이라고 할 수 있습니다. 자신이 지은 죄들을 깊이 있게 느끼지 못하는 것은 자신의 죄악성 때문입니다. 그렇다면 이러한 성향이 당신에게 있다는 것은 바로 지금 당신에게 그리스도가 필요하다는 절대성과 긴급성을 말해줍니다. 지은 죄들에 대해서 아무런 느낌이 없다는 것은 하나님에게서 멀리 떠나 있다는 반증이며, 결과적으로 그리스도의 피를 통해서 하나님과 화해해야 할 필요성을 보여줍니다. 그렇다면 사람들은 우선적으로 그리스도께 나아가는데 필요한 자격을 갖추어야 한다고 생각하기 쉽습니다. 그래서 우리의 죄악된 일부분이라도 우리 스스로 깨끗하게 해야 한다고 생각하는 것입니다. 절대 그렇지 않습니다. 복음은 느낌의 문제가 아닙니다. 복음은 미리 우리 마음을 준비할 것을 요구하지 않습니다. 다만 지금 믿는 모든 사람에게 현재적인 구원을 선포합니다.

"그렇다면 우선 회개해야 하지 않나요?" 그렇다면 저는 이렇게 묻고 싶습니다. 회개의 의미가 무엇입니까? 회개란 단순하게 표현하자면, 자신을 스스로 판단하는 자리에 서는 것이며, 하나님 앞에서 죄인의 자리에 서는 것이며, 내가 지은 죄들에 대해서 하나님의 관점으로 보는 것입니다. 회개에 대한 잘못된 개념 때문에 혼돈이 일어납니다. 즉 사람들은 회개를 죄에 대해서 죄송한 마음을 느끼고, 죄를 버릴 것을 결심하는 것으로 생각합니다. 따라서 많은 사람들은 과연 자신들의 마음이 이러한 회개를 할 준비 상태에 있는가를 살핍니다. 하지만 당신이 생각해야할 유일한 한 가지는, 내가 죄인인 것을 아는가? 그리고 나는 과연 죄인으로서 나 자신에 대한 하나님의 판단을 받아들일 것인가? 에 있습니다. 만일 당신이 그렇게 한다면, 당신과 죄인의 구주 사이에 더 이상 하나님이 하실 일은 아무 것도 없습니다. 유일한 복음 메시지는 바로 "주 예수 그리스도를 믿으라. 그리하면 너와 네 집이 구원을 받으리라."(행 16:31)는 것입니다.

3. "저는 그리스도께서 저를 위해 죽으셨다는 것과 제가 정말 복음의 초대 속에 포함되어 있다는 것을 확신할 수가 없습니다." 어째서 확신하지 못하는 것일까요? 하나님은 말씀을 통해서 계속해서 반복적으로 "**누구든지** 믿는 자마다" 구원을 얻을 것이라고 말씀하십니다(요 3;15,16,36, 행 10:43 등). "누구든지 믿는 자마다", 마치 당신의 이름도 그곳에 포함되어 있다는 것이 분명하지 않은가요?

최근에 복음을 전하면서, 어떤 구도자에게 말했습니다.

"만일 당신이 '**누구든지 들어갈 수 있다**'고 쓰여 있는 문을 보았다면, 당신은 즉시 당신 자신도 그 문을 열고 들어갈 자격이 있다는 것을 확신해야 마땅합니다. 만일 당신의 동료가 안내문의 의미가 명확하지 않다면서 이 문제로 논쟁을 하고자 한다면 당신은 그것을 매우 어리석은 일로 여길 것입니다."

따라서 우리가 성경에서 "원하는 자는 값없이 생명수를 받으라"(계 22:17)는 구절을 읽었는데, 내가 과연 그 초대에 포함되었을까를 의심하고 있다면, 그것은 다만 불신앙을 표현하는 것 외엔 아무 것도 아닌 것입니다. 최근에 출판된 어떤 회상록을 보니, 이와 같은 사례를 담고 있었습니다. 그 책의 주제는, 우리가 처음 회심했을 때 겪는 어려움에 대한 것이었습니다. 성경 구절들이 계속해서 마음에 와 닿았지만, 그럼에도 풀리지 않는 것이 있었습니다. 집으로 돌아가서 그는 밤새도록 하나님과 씨름했습니다. 마침내 그는 종이를 가져다가 이렇게 썼습니다. "나의 삶을 두고 맹세하노니 나는 악인이 죽는 것을 기뻐하지 아니하고 악인이 그의 길에서 돌이켜 떠나 사는 것을 기뻐하노라."(겔 33:11) 그리고 나서, 그는 "나는 악인 중 한 사람이다."라고 이어서 썼고, "그러므로 주 하나님은 내가 죽는 것을 기뻐하지 아니한다."고 또 썼습니다. 이렇게 그는 자신이 하나님의 자비하심 안에 포함되어 있음을 믿는 믿음에 이르게 되었습니다.

모든 죄인은 하나님의 구원 계획 속에 포함되어 있습니다. 그럼에도 자신의 이름이 빠져 있을까봐 의심이 드는 사람이 있다면, 요한복음 3장 16절을 펴서, "하나님이 세상을 이처럼 사랑하사 독생자를 주셨으니 이는 그를 믿는 자마다 멸망하지 않고 영생을 얻게 하려 하심이라"에서 "세상"과 "…자마다" 대신에 자신의 이름을 써보시고 다시 읽어보십시오. 그렇다면 하나님께서 이미 당신을 "믿는 자마다" 속에 포함시키신 사실이 정오의 햇빛같이 환하게 밝아올 것입니다. 복음에 담긴 하나님의 은혜는, 오직 죄악된 마음에 뿌리를 내리고 있는 불신앙 외에는 그 누구도 제한하고 있지 않습니다.

4. "나는 택함 받은 사람이 아닌 것 같아요." 이러한 의심은 사탄의 목적을 이루는 것 외에는 아무 쓸모가 없습니다. 은밀한 것들은 하나님께 속했기에, 우리의 이성과 추측으로 알아 낼 수 있는 것은 하나도 없습니다. 기억할 것은, 죄인은 하나님의 목적을 이루는 일에 기여할 수 있는 것이 전혀 없다는 사실입니다. 선택의 교리는 성도들에게만 해당됩니다. 그렇다면 어려움은, 진지하게 생각하기만 한다면, 다음과 같은 단순한 질문으로 해결됩니다. 즉 나는 과연 죄인인가? 이 문제가 쉽게 해결이 되었다면, 그것은 이미 우리가 복음의 초대 속에 당신도 해당된다는 사실을 선명하게 정리했기 때문일 것입니다. 죄인의 자리에 서는 것, 이것이 바로 그리스도에게로 나아가 구원받을 수 있는 유일한 조건이자 자격을 주는 것입니다.

5. "나는 믿을 수 없습니다." 이 어려움에 대해서 자세히 살펴보겠습니다. 당신이 진짜 믿을 수 없는 것이 대체 무엇일까요? 당신

이 죄인인 것을 진정 믿을 수 없습니까? 하나님은 이 사실을 말씀을 통해서 당신에게 증거하십니다. 만일 당신이 하나님의 진리에 대한 무슨 확증을 요구하는 것이라면, 하루만 살아봐도 충분히 입증될 수 있습니다. 그렇습니다. 당신은 자신이 죄인임을 의심하는 것이 아닙니다. 그렇다면 하나님이 자기 아들에 대하여 증거하신 증거를 믿지 못하는 것인가요? 도대체 그 증거가 무엇이길래 믿을 수 없는 것입니까? 그 증거는 "예수는 우리가 범죄한 것 때문에 내줌이 되고 또한 우리를 의롭다 하시기 위하여 살아나셨[다]"(롬 4:25)는 것이며, "그리스도께서도 단번에 죄를 위하여 죽으사 의인으로서 불의한 자를 대신하셨으니 이는 우리를 하나님 앞으로 인도하려 하심이라"(벧전 3:18)는 것입니다. "하나님이 죄를 알지도 못하신 이를 우리를 대신하여 죄로 삼으신 것은 우리로 하여금 그 안에서 하나님의 의가 되게 하려 하심이라"(고후 5:21) 당신은 이 하나님의 증거를 믿으시나요? 당신은 "물론 믿습니다."라고 대답할 것입니다. 그렇다면 이 구절이 내포하고 있는 내용에 주목해 보십시오. 한편으로는 당신이 죄인인 것을 믿고 있고, 다른 한편으로는 그리스도께서 죄인을 위해 죽으신 것을 믿고 있습니다. 그러면서도 여전히 당신은 "나는 믿을 수 없습니다."고 말하고 있습니다. 이제 다른 질문을 생각해보겠습니다. 당신은 그리스도께서 죄인을 위하여 죽으심으로써 이루신 일을 하나님이 받으시고 또 만족하신 것을 믿으시나요? 당신이 이 질문에 대답하기 이전에, 두 가지 사항을 기억하시기 바랍니다. 첫 번째, 그리스도께서 부활하신 일과 지극히 높은 위엄의 보좌에 그리스도께서 영화롭게 되신 일은 십자가에서 이루어진 영원속죄를 하나님이 받으시고 만족하셨다는 증거인 것입니다. 두 번째, 복음을 선포하도록 하나님이 명령하신 일 또한 그에 대한 증거입니다. 이는 복음이 그리스도의 완성된 사역에 대한 결과이며, 하나님께서 그것을 받으신 것에 대한 확증이기 때문입니다. 십자가 사역을 기반으로 해서 하나님이 보내시는 메시지는 "너희는 하나님과 화목하라."(고후 5:20)는 것입니다. 이제 당신은 하나님이 만족하셨다는 것을 믿으시나요? 더 이상 의심할 필요가 없습니다. 그렇다면 무엇이 남을까요? 이제 당신도 만족할 수 있다는 것입니다.

"믿을 수 없다."는 말은, 사실 달리 보면 믿고 싶지 않다는 의지를 반영하고 있습니다. 당신을 죄인으로 선언하신 하나님의 심판 앞에서 굴복하고 싶지 않은 것입니다. 당신이 진정 죄인의 자리에 서게 되면, 필연적으로 구원의 선물을 환영하게 될 것이며, 이에 큰 기쁨의 파동을 경험하게 될 것입니다.

아사직전에 있는 한 가족이 있다고 가정해봅시다. 풍족한 음식이 그들 집 문 앞에까지 배달되었고, 무료로 제공되었습니다. 그런데 그 가족은 "그것이 정말 우리를 위한 것인지 믿을 수 없습니다."라고 대꾸만 하고 있다면 당신은 어찌 하시겠습니까? 마찬가지로 복음의 초청에 대한 죄인의 반응이 "나는 믿을 수 없습니다."라는 것이라면 정죄와 심판 밖에는 없습니다. 복음으로 초청하시는 분이 하나님이심을 기억한다면, 과연 불신의 마음을 계속해서 가진 채, 과연 하나님을 신뢰할 수 있을지를 의심하는 지경까지 갈 수 있을까요? 몇 가지 좋은 소식을 가지고 당신을 찾아온 친구가 있는데, 당신은 그저 "나는 너를 믿을 수 없어."라는 말만 되풀이 하고 있다면, 당신의 친구는 그 대답의 진지한 정도에 비례해서 그것을 심각한 모독으로 생각할 것입니다. 그렇다면 더욱 중차대한 것은, 당신은 지금 하나님의 진리와 진실성을 의심하기를 주저하지 않고 있다는 사실입니다.

6. "나는 내가 구원받은 것을 느끼지 못하겠습니다." 이 일은 종종 그리스도를 믿노라고 생각하고 신앙을 공개적으로 시인했지만 아직 평안을 맛보지 못한 사람들에게서 나타나곤 합니다. 그렇다면 자신이 구원받았는지 여부를 어떻게 알 수 있을까요? 많은 사람들은 갑작스러운 기쁨의 감정이나 구원을 확증해주는 무슨 내적인 경험 등을 기대합니다. 한번은 새로 믿은 숙녀 한분이 저를 찾아온 적이 있었습니다. 그녀는 이렇게 말했습니다. "저는 제가 구원받은 것을 확신하고 있습니다. 왜냐하면 매우 행복한 기분이 들거든요." 그래서 저는 이렇게 대답해주었습니다. "내일은 기분이 행복하지 않을 수 있습니다. 그렇다면, 자매님은 '저는 구원받지 않은 것 같아요. 왜냐하면 지금은 비참한 느낌이 들거든요.'라고 말하지 않을까요?" 그러자 그녀는 자신이 구원받은 근거를

잘못된 터 위에 세우고 있다는 것을 즉시 깨달았습니다. 그렇다면 우리는 우리 자신이 구원받았다는 것을 어떻게 알 수 있을까요? 그것은 *믿음을 통해서* 알 수 있습니다. 하나님의 말씀에 대한 믿음입니다. 하나님께서 그리스도를 "믿는 자마다 멸망하지 않고 영생을 얻게 하려 하심이라"(요 3:16)고 증거하셨기 때문에, 만일 내가 그 말씀을 믿는다면, 이 말씀에 대한 나의 신뢰를 근거로 해서 나는 구원받았다고 말할 수 있는 자격을 가지게 됩니다. 그렇다면 하나님의 증거를 믿는 결과로 평안이 임하게 될 것입니다.

하나님이 정하신 순서에 주목하십시오. 첫 번째는 주 예수 그리스도를 믿는 믿음입니다. 두 번째는 구원에 대한 확신입니다. 이러한 확신은 하나님의 말씀을 믿는 믿음에서 옵니다. 그리고 세 번째로는 내가 구원받았음을 알게 된 결과로서 오는 평안입니다.

간단한 예화를 들어보겠습니다. 만일 수천만 원의 빚을 졌는데 갚을 길이 없다면, 끊임없는 걱정과 염려가 엄습해올 것입니다. 하지만 만일 친한 친구가 와서 "자네가 진 빚에 대해선 염려 말게. 내가 그 빚을 다 갚았네."라고 말한다면, 그래서 만일 *그의 말을 믿는다면* 나의 염려는 즉시 사라질 것입니다. 구원에 대한 지식도 마찬가지입니다. 만일 내가 그리스도 예수를 믿고, 또 나를 향한 하나님의 모든 요구사항이 해결되었다는 것을 알았다면, 그래서 만일 (다른 방법이 아닌) 내가 그에 대한 하나님의 말씀을 믿는다면, 결과적으로 평안을 누릴 것입니다. 이 점을 바로 이해하는 것이 중요합니다. 느낌이나 감정에 기초한 확신을 구하는 많은 사람들은 어쩔 수 없이 불안하고 평안을 누리지 못하는 상태에 있습니다. 하지만 우리 확신의 근거를 변할 수 없는 하나님의 진리에 둔다면, 비록 우리의 내적 경험은 들쑥날쑥해도 우리는 결코 우리의 구원여부를 의심하지 않을 것입니다. 사실 우리는 우리 평안의 근거가 전적으로 우리 밖에, 즉 우리를 위해 이미 완성된 그리스도의 사역에 있다는 사실을 잊곤 합니다. 따라서 속을 들여다보는 우리 눈을 떼서, 대신 밖에 있는 그리스도의 십자가와 그리스도의 보배로운 피를 바라보아야 합니다.

"그러므로 우리가 믿음으로 의롭다 하심을 받았으니 우리 주 예수 그리스도로 말미암아 하나님과 화평을 누리자"(롬 5:1)

우리는 지금까지 확신의 근거에 대해서만 살펴보았습니다. 화평을 누리는 것, 그래서 행복한 경험에 대해서도 살펴보아야 합니다. 왜냐하면 하나님은 구원받은 사람들의 마음 속에 성령을 보내심으로 내주하도록 하시고, 또 성령님과 더불어 자신이 하나님의 자녀인 것을 증거하도록 하시기 때문입니다. 따라서 행복한 경험은 우리가 구원받았다는 것을 아는 지식 이후에 와야 하며, 경험이 지식을 앞서선 안된다는 것을 잊지 마시기 바랍니다.

**7. 성령을 훼방/ 모독하는 죄.** 의외로 많은 영혼들이 자신이 성

령을 훼방하는 죄를 지은 것은 아닐까, 그래서 복음이 제시하고 있는 긍휼(자비)에서 끊어진 것은 아닐까 두려워하는 마음을 가지고 있습니다. 그래서 과연 성령을 훼방하는 죄란 무엇인지에 대해서 설명을 드리고자 합니다. 주님은 이렇게 말씀하셨습니다.

"사람에 대한 모든 죄와 모독은 사하심을 얻되 성령을 모독하는 것은 사하심을 얻지 못하겠고 또 누구든지 말로 인자를 거역하면 사하심을 얻되 누구든지 말로 성령을 거역하면 이 세상과 오는 세상에서도 사하심을 얻지 못하리라"(마 12:31,32, 막 3:28-30 참조).

여기서 말하고 있는 "성령을 모독하고", 또 "말로 성령을 거역하는" 죄는 본문의 문맥을 통해서 살펴볼 때에야 정확한 의미를 알 수 있습니다. 구주 예수님은 우선 기적을 행하셨습니다. "그 때에 귀신 들려 눈 멀고 말 못하는 사람을 데리고 왔거늘 예수께서 고쳐 주시매 그 말 못하는 사람이 말하며 보게 된지라"(마 12:22) 사람들은 이렇게 나타난 신적인 권능과 자비를 보고 깊은 인상을 받았고, 그것을 그리스도의 메시아 되심의 증거로 보았습니다. 그래서 말하길 "이는 다윗의 자손이 아니냐?"고 했습니다. 하지만 그리스도의 대적들인, 바리새인들은 자신들의 눈 앞에서 일어난 기적을 보고도 자신들의 적대감을 나타낼 기회로 삼았습니다. 게다가 자신들이 본 권능을 마귀의 역사로 돌렸습니다. 그들은 "이가 귀신의 왕 바알세불을 힘입지 않고는 귀신을 쫓아내지 못하느니라"(마 12:24)고 말했습니다. 이제 우리는 마가복음에서 "성령을 모독하는 죄"에 대해서 구주 예수님께서 경고하신 이유를 볼 수 있습니다. "이는 그들이 말하기를 더러운 귀신이 들렸다 함이러라"(막 3:30) 그렇다면 여기서 말하는 죄는 성령에 의해서 나타난 권능을 고의적으로 사탄에게 돌리고, 그래서 성령의 역사를 마귀의 역사로 중상모략 함으로써 성령님을 모독하는 죄인 것입니다.

1) 예수님이 기적을 일으키고, 자신의 사명을 성취한 권능은 성령님의 권능입니다(눅 4:1-18, 사 61:1,2, 요 3:34, 요 14:10).
2) 눈 멀고 말 못하는 사람에게서 마귀를 쫓아낸 것은 하나님의 영의 권능이었습니다.
3) 바리새인들은 이러한 초자연적인 역사를 인정했습니다. 그들이 이미 그 이적을 보았기 때문에 부인할 수가 없었습니다.
4) 그들은 구주 예수님의 사명에 대한 선명한 증거를 보고 알았습니다. 만일 그렇다면 그 기적은 자신을 메시아로 주장하신 그리스도의 주장을 입증하는 것입니다.
5) 그들은 그러한 증거를 부인하려 했고, 예수님을 마귀의 하수인인양 고발함으로써 예수님의 신임도를 떨어뜨리려고 했습니다.
6) 따라서 그들은 고의적으로 성령님을 거스르는 죄를 지었을 뿐만 아니라 성령님을 모독했던 것입니다.

누군가 이런 말을 했습니다.

"우리 주님이 선언하신 것은 성령님을 모독하는 죄에 대한 것이다. 이러한 관점을 유지하는 것이 상당히 불필요한 고민거리에서 많은 영혼들을 구할 수 있을 것이다. 얼마나 많은 사람들이 성령님을 거스르는 죄를 지었을까봐 두려움에 떨며 신음하고 있는지 모른다. 그들은 이 구절에 대한 모호한 개념과 이성적인 추론만을 가지고 있다. 하지만 우리 주님은 성령님을 모독함으로써 사함을 받지 못하는 죄에 대해서 구체적으로 말씀하셨다. 내 생각엔, 모든 죄가 다 성령님을 거스르는 죄이다. 성령님은 기독교계에서 주권적인 자리에 있기 때문에, 모든 죄가 다 이런 성격을 띠게 된다. 따라서 교회에서 거짓말을 하는 것은 단순히 사람에게가 아니라, 하나님께 거짓말을 하는 것이다. 왜냐하면 성령님이 교회 안에 거하신다는 위대한 진리 때문이다. 반면에 여기서 주님은 용서받지 못하는 죄에 대해서 말씀하셨다. (그렇다면 이 죄는 성령님을 거스르는 죄를 지었을까봐 영혼들이 두려워 떠는 그런 죄가 아니라, 성령님을 모독하는 죄를 가리킨다.) 결코 용서받지 못하는 이 죄는 무엇인가? 예수님을 통해서 나타난 권능을 마귀에게로 돌리는 죄이다. 만일 사람들이 이처럼 단순한 진리의 의미를 깨닫게 된다면 그동안 걱정과 두려움 가운데 떨었던데서 즉시 편안한 마음을 가지게 될 것이다! 그렇다면 이 일은 실제로는 사탄의 계략을 분쇄하는 일이 될 것이다. 사탄은 할 수만 있다면, 영혼들로 하여금 걱정과 염려에 빠지게 하고, 절망 가운데로 몰아넣으려고 하기 때문이다. 진실은 이렇다. 만일 그리스도인이 성령님을 모독하고, 특별히 성령님을 거스르는 죄를 지을 수 있다면, 하나님의 역사 가운데 또는 교회에서 성령의 자유로운 활동을 직접적으로 방해할 수 있어야 한다. 만일 이것이 당신이 의도하는 것이라면, 그것은 성령을 모독하는 죄가 맞다. 하지만 여기서 우리 주님이 언급하신 것은 성령님을 모독할 수 있는 죄(a sin) 혹은 성령님을 모독하는 죄(the sin)가 아니라 그저 **성령님을 모독하고 훼방하는 행위를 의미**한다. 그 당시 유대 민족은 이 죄에 빠졌고, 따라서 그들은 그때 뿐만 아니라 앞으로 영원히 용서받지 못한다. 하지만 이제 이스라엘의 새로운 가지가 나왔다. 새로운 세대가 일어났고, 그들은 자기 조상들이 모독했던 그리스도를 영접할 것이다. 주님 당시 이스라엘 민족의 세대는 이 죄를 범했으며, 사함 받을 수 없었다. 그들은 예수님의 생애 동안 이 죄를 짓기를 시작했다. 그리고 오순절 성령님이 오셨고, 그들이 성령님을 대적했을 때 이 죄는 최고조를 이루었다. 그들은 계속해서 이 죄를 저질렀다. 사실 잘못된 길에 들어섰을 때부터 사람은 항상 이 죄를 저질렀다. 하나님이 더욱 사랑, 은혜, 진리, 지혜를 가져오실수록, 사람은 더욱 결정적으로 또는 치명적으로 멸망의 길을 향해 내달았다. 이것이 이스라엘 민족의 역사였다. 이것은 하나님의 은혜를 거절하는 모든 사람의 운명이다. "성령을 모독하는 자는 영원히 사하심을 얻지 못하고 영원한 죄가 되느니라."(막 3:29) 이 죄는 하나님을 반역하는 최종적인 단계의 죄인 것이다."

그렇다면 자신이 죄인됨을 깨닫고 각성된 사람, 혹은 그리스도의 보혈을 통해서 하나님과 화목하고자 하는 사람은 어느 누구도 "성령을 모독하는 죄"를 지을 수 없다는 것이 분명해졌습니다. 이처럼 자신의 죄를 깨닫고, 하나님과의 화평을 갈망하는 것 자체가, 그 영혼 속에서 성령님이 일으키신 효과이기 때문입니다. 그렇다면 이것은 성령을 모독하는 죄를 짓지 않았다는 확실한 증거인 셈입니다.

**8. 사망에 이르는 죄.** 사람들은 흔히 이 죄를 앞에서 살펴본 죄와 같은 것으로 생각하는 경향이 있습니다. 이 죄를 언급하고 있는 성경을 살펴보면, 이것은 전적으로 다른 죄인 것을 알 수 있습니다. 성경은 "누구든지 형제가 사망에 이르지 아니하는 죄 범하는 것을 보거든 구하라 그리하면 사망에 이르지 아니하는 범죄자들을 위하여 그에게 생명을 주시리라 사망에 이르는 죄가 있으니 이에 관하여 나는 구하라 하지 않노라"(요일 5:16)고 말합니다. 여기서 문제는 한 형제가 범한 죄에 대한 것입니다. "만일 누구든지 형제를…보거든", 그렇다면 이 죄는 불신자의 죄가 아니라 신자의 죄에 대한 것이며, 따라서 영원한 사망, 즉 지옥 불못에 들어가게 하는 죄에 대한 것이 아닙니다. 그렇다면 이 구절에서 언급하는 사망은 육체의 죽음을 가리킵니다. 사도행전 5장에 보면 아나니아와 삽비라는 사망에 이르는 죄를 지었습니다. 그들의 죄는 성격상 하나님이 개입하시고 그들을 죽음을 통해 데려가심으로써, 그들에게 자비로운 징계와 다른 사람들에게 엄중한 경계를 보여주었습니다. 그들이 비록 "사망에 이르는 죄"를 지었지만, 그들이 참 신자였다면 그들의 신분에는 아무런 변화를 주지 못했습니다.

그들의 죽음은 지상에 있는 교회에 섭리적 차원에서 징계를 행하시는 하나님의 간섭의 결과였습니다. 이와 유사한 몇 가지 사례들이 고린도전서에 기록되어 있습니다. 주의 만찬을 행하면서 남용하는 일에 대해서 쓴 사도 바울은 "주의 몸을 분별하지 못하고 먹고 마시는 자는 자기의 죄(심판)를 먹고 마시는 것이니라 그러므로 너희 중에 약한 자와 병든 자가 많고 잠자는 자도 적지 아니하니"(고전 11:29,30)라고 말했습니다. 여기서 잠자는 사람은, 하나님의 징계의 손길로 죽음을 당한 사람을 가리킵니다. 하나님의 징계적 차원의 간섭에 의해서 많은 사람이 죽임을 당한 것입니다.

"사망에 이르는 죄"가 무엇인지를 정확하게 말할 수 있는 사람은 없습니다. 왜냐하면 그것을 판단할 수 있는 분은 오직 주님 밖에 없기 때문입니다. 사실 전혀 다른 상황 속에서 행한 동일한 행위가 반드시 동일한 죄에 이르게 하지는 않습니다. 예를 들어서, 아나니아와 삽비라의 경우를 생각해봅시다. 초대교회 시대 이후로 하나님의 교회에는 무수한 아나니아와 삽비라가 있어왔다는 데에는 의심의 여지가 없습니다. 하지만 모든 아나니아와 삽비라가 동일한 결과를 맞이한 것은 아니었습니다. 우리는 이 주제를 다루고 있지 않기 때문에, 이 정도에서 그치겠습니다. 어쨌든 사망에 이르는 죄는 분명 신자가 범하는 죄이고, 여기서 말하는 사망이란 육체적인 사망을 가리키는 것이지 영원한 사망 또는 구원을 잃어버리는 것이 아니라는 점입니다. 따라서 구원을 열망하는 사람들은 하나님 앞에서 이러한 죄를 지을 수 없습니다.

**9. 히브리서 6장 4-6절의 경우.** 히브리서 6장 4-6절은 난해구절로 알려져 왔습니다. 하지만 이 구절을 자세히 살펴보면, (물론 상세한 주해를 할 뜻은 없습니다.) 결국 이 구절은 구원을 열망하며 하나님과의 화평을 구하는 사람들에겐 해당되지 않는다는 것을 알 수 있습니다. 이 경우, 이 사람들은 "한 번 빛을 받고 하늘의 은사를 맛보고 성령에 참여한 바 되고 하나님의 선한 말씀과 내세의 능력을 맛보고도 타락한 자들…[이며]…하나님의 아들을 다시 십자가에 못 박아 드러내 놓고 욕되게" 한 사람들입니다. 이 구절에서 무엇보다도 주목해야 하는 것은, *이것은 실제로 회심한 사람이 타락하는 경우를 말하고 있지 않다*는 점입니다. 성경은 하나님의 자녀가 멸망하는 일은 절대적으로 불가능하다는 사실을 강조하고 있습니다. (요 10:27-29, 롬 8:28-39, 고전 1:8,9, 엡 1:13,14, 빌 1:6,7 등을 읽으십시오.) 분명히 해야 할 것은, 히브리서는 히브리 그리스도인에게 보내신 서신이라는 점입니다. 히브리서의 수신자는 유대교에서 나와서 기독교의 진리를 확신한 사람들로서, 성령의 능력을 통해서 영적으로 각성되었지만 아직 회심한 일도, 거듭난 일도 없는 사람들이었습니다. 이 사람들은 위에서 언급한 복들을 맛보았지만 아직 생명은 없는 사람들이었습니다. 그래서 성경은 이러한 사람들이 타락하게 되면 다시 새롭게 하여 회개하게 할 수 없다고 말하고 있는 것입니다. 어째서 그럴까요? 왜냐하면 그들은

과거 하나님을 알지 못하던 데로 고의적으로, 또한 의도적으로 돌아가려고 했기 때문입니다. 그러한 사람들은 스스로를 하나님의 아들을 십자가에 못 박은 민족과 재결합하는 것이며 하나님의 아들을 십자가로 처형한 민족의 행동을 공적으로 지지하는 것이며, 하나님의 아들을 드러내놓고 모욕하는 것입니다(6절).

그렇다면 *이러한 행위는 고의적인 배도*인 것입니다. 따라서 이 구절은, 비록 구원을 열망하는 영혼들에게 해당되지는 않지만 일종의 엄숙한 경고로 기록된 것입니다. 경고는 다양한 방법으로 신자들과 연관이 있는 사람들, 즉 신앙고백자들에게 적용될 것이며, 그러한 신앙고백자들은 거듭난 일이 없이 그저 빛 비춤을 받은 사람들로서, 이미 하나님의 구속사역의 내용을 알고 있는 사람들이며 외적으로는 그리스도를 향한 열심을 가지고 있을 수 있습니다. 히브리서는 그러한 사람들에게 유일한 구원의 길은 십자가에 못 박히시고 다시 살아나신 구주를 통하는 길 외엔 없다는 것을 천명하고 있습니다. 히브리서의 경고는 그러한 사람들을 위해서 기록되었습니다. 그들이 만일 자신들이 참된 것으로 고백했던 신앙에서 등을 돌리고, 하나님의 그리스도로 알았던 분을 부인하는 것은 *고의적인 배도가 되며*, 그렇다면 전혀 소망이 없게 되는 것입니다. 히브리서 6장의 내용은 바로 그러한 부류의 사람들에게만 적용됩니다. 그렇다면 하나님의 영에 의해서 죄를 깨닫고, 무엇보다 그리스도께서 자신의 구주이자 주님으로 알고자 하는 사람들은 이러한 사람들의 부류에 들어가지 않습니다. 다른 말로 하자면, 주 예수 그리스도를 믿음으로써 구원받고자 갈망하는 사람은 절대 이러한 죄를 지을 수 없습니다.

지금까지 다룬 내용들은 흔히 제기하는 어려움들입니다. 그 외에도 여러 가지 문제들 때문에 고민하는 분들이 있겠지만, 그럼에도 충분한 기도의 시간을 들여서 하나님의 말씀을 살펴보면 대부분 문제가 해결이 될 것입니다. 다음 구절을 읽어보십시오. "정직한 자들에게는 흑암 중에 빛이 일어나나니"(시 112:4), "주의 말씀을 열면 빛이 비치어 우둔한 사람들을 깨닫게 하나이다"(시 119:13)

# 제 8장 영적 해방

영적으로 각성되고 거듭난 사람들은 그리스도의 피의 확실한 보호 아래 있습니다. 그럼에도 여전히 구원의 확실한 지식을 가지지 못한 채 있을 수가 있습니다. 그들은 때로는 자신들이 구원받았다는 좋은 소망을 가진 채 행복해 하지만, 때가 되면 자기 속에서 자신을 압도하는 권세로 죄를 짓게 만드는 일 때문에 절망 상태로 빠져드는 것을 경험하기 시작합니다. 이로써 자신의 마음이 죄악될 뿐만 아니라 전적으로 부패되었다는 사실을 뚜렷하게 알게 되고, 결국에는 불확실성과 고뇌 속으로 급격하게 추락하는 것을 경험하게 됩니다. 이러한 사람들은 그리스도를 믿는 모든 사람에게 주신 충만한 복을 아직 누리고 있지 못하는 상태에 있으며, 또한 (잘못된 가르침 때문에) 신자 속에 두 가지 본성이 있다는 것과 하나님이 우리가 지은 죄들 뿐만 아니라 우리 속에 내주하는 죄 조차도 그리스도 안에서 해결하신 것을 아직 배우지 못한 상태에 있는 것입니다. 다른 말로 해서, 그들은 그리스도 안에서 완전한 해방의 역사, 즉 하나님께서는 우리가 지은 죄들 뿐만 아니라 우리 속에 있는 죄악된 본성을 해결하셨다는 것을 들어본 적이 없는 것입니다. 하지만 신자는 이제 하나님의 해방시키는 역사를 통해서 "그러므로 이제 그리스도 예수 안에 있는 자에게는 결코 정죄함이 없나니 이는 그리스도 예수 안에 있는 생명의 성령의 법이 죄와 사망의 법에서 나를 해방하였음이라"(롬 8:1,2)고 말할 수 있습니다.

이 진리를 소개하고 있는 책이 바로 로마서이며, 5장에서 8장에 걸쳐 해방의 진리를 소개하고 있습니다. 이 부분에 대한 설명은 다른 사람의 글을 인용해서 설명해드리겠습니다.

"여기까지(로마서 5장까지) 신자의 죄가 용서되었다는 위대한 진리가 완전하게 소개되었고, 의롭다 함을 받은 신자는 복된 특권들을 소유하고 있다는 내용으로 끝을 맺고 있다. 여전히 예수님의 피의 대속의 효력과 그리스도의 부활은 서로 연결되어 있다. 앞에서 이미 언급했지만, 그리스도의 피는 신자가 필요로 하는 모든 것을 충족시키지 않는다. *신자는 자기 속에 있는 진정*

*한 실체를 발견하는 과정에서 비참해지는 것을 경험한다.* 만일 신자가 이 점에서 자신의 어려움들을 해결할 수 있는 진리를 모른채 세월을 보내고 있다면, 신자는 마음이 강퍅해지는 위험에 처하기도 하고, 아들이 아니라 종의 의식을 가지고 하나님을 섬기려는 태도를 가지게 된다. *얼마나 많은 성도들이 하나님이 이루신 해방의 역사에 대해서 아무 것도 모른 채, 아무 효과도 없는 자신의 내적 부패를 거슬려 싸우려는 노력을 하면서 매일같이 고통을 겪고 있는지 모른다.* 얼마나 많은 성도들이 그리스도의 피로 죄 사함 받았다는 믿음만으로 자신들이 처해 있는 영적 재앙 상태를 피해보려고 애쓰는지 모른다. 하지만 정직한 사람은 그러한 노력이 아무 소용이 없으며, 노력하면 할수록 더욱 깊은 수렁에 빠져든다는 것을 시인할 것이다. 옛 사람에 대한 사형 선고가 십자가에서 이미 이루어진 사실을 알고, 또 죽은 자 가운데서 다시 살아나신 그리스도 안에 있는 자신의 새로운 신분을 바로 이해하는 것이 매우 중요하다. 이제 성령님은 이 사실을 우리에게 열어 계시해주고자 하신다."

앞에서 이탤릭체로 되어 있는 문장은 로마서 7장의 내용을 요약하고 있습니다. 로마서 7장에 있는 사람은 성령으로 다시 살리심을 받았지만, 즉 거듭났지만 율법으로부터 아직 자유를 얻지 못한 채, 자기 속에 내주하고 있는 죄와 싸우며 탄식하고 있는 사람입니다. 그래서 "나는 육신에 속하여 죄 아래에 팔렸도다."(14절)라고 부르짖는 상태에 있습니다. 그 뿐 아니라 "내 속사람으로는 하나님의 법을 즐거워하되 내 지체 속에서 한 다른 법이 내 마음의 법과 싸워 내 지체 속에 있는 죄의 법으로 나를 사로잡는 것을 보는도다 오호라 나는 곤고한 사람이로다 이 사망의 몸에서 누가 나를 건져내랴?"(22-24절)고 절규하고 있습니다. 이것은 두려워하는 영혼의 상태에 있는 사람들을 정확하게 묘사하고 있습니다. 자신이 바라고 소망했던 모든 것에 이르렀다고 확신했지만, 지금은 도리어 자신들이 정말 구원받았는지를 의심하는 상태에 빠져있습니다.

**하나님은 이러한 상태에 있는 영혼의 필요를 어떻게 충족시켜 주실까요?** 이 질문에 대한 유일한 답변은 한 가지 외에는 없습니다. 즉 예수 그리스도의 죽음을 통해서 해결됩니다. 우리가 살펴본 대로, 그리스도는 친히 나무에 달려 우리의 모든 죄(sins)를 지시고 죽으셨습니다. 하지만 그 뿐만 아니라, 우리를 위해서 죄(sin)가 되셨습니다(고후 5:21). 곧 "하나님은 … 죄로 말미암아 자기 아들을 죄 있는 육신의 모양으로 보내어 *육신에 [있는] 죄(sin)를*"(롬 8:3) *정죄하시고 심판하셨습니다.*

이 진리의 적용은 로마서 6장에 설명되어 있습니다. 로마서 5장에서 "죄가 더한 곳에 은혜가 더욱 넘쳤나니 이는 죄가 사망 안에서 왕 노릇 한 것 같이 은혜도 또한 의로 말미암아 왕 노릇 하여 우리 주 예수 그리스도로 말미암아 영생에 이르게 하려 함이라"(20-21절)고 설명한 사도 바울은 계속해서 "그런즉 우리가 무슨 말을 하리요 은혜를 더하게 하려고 죄에 거하겠느냐 그럴 수 없느니라 죄에 대하여 죽은 우리가 어찌 그 가운데 더 살리요 무릇 그리스도 예수와 합하여 세례를 받은 우리는 그의 죽으심과 합하여 세례를 받은 줄을 알지 못하느냐 그러므로 우리가 그의 죽으심과 합하여 세례를 받음으로 그와 함께 장사되었나니 이는 아버지의 영광으로 말미암아 그리스도를 죽은 자 가운데서 살리심과 같이 우리로 또한 생명 가운데서 행하게 하려 함이라 만일 우리가 그의 죽으심과 같은 모양으로 연합한 자가 되었으면 또한 그의 부활과 같은 모양으로 연합한 자도 되리라 *우리가 알거니와 우리의 옛 사람이 예수와 함께 십자가에 못 박힌 것은* 죄의 몸이 죽어 다시는 우리가 죄에게 종 노릇 하지 아니하려 함이니 이는 *죽은 자가 죄에서 벗어나 자유롭게 되었음이라.*"(롬 6:1-7, KJV 참조)고 말합니다.

만일 여기서 이탤릭체로 된 구절에 주의를 기울이면, 전체 주제를 이해할 수 있습니다.

1. 이 구절은 **우리가 그리스도의 죽음에 참여하고 있음**을 가르치고 있습니다. "우리는 그의 죽으심과 합하여 세례를 받았다.]"(3절), "우리의 옛 사람이 예수와 함께 십자가에 못 박[혔다.]"(6절) 이것은 대속의 원리 위에 서있는 진리로서, 다음에 소개하는 예화에 놀랍도록 예시되어 있습니다.

나폴레옹 1세 치하, 한 청년이 입영통지서를 받았습니다. 하지만 그 당시는 대리자를 사서 대신 군대에 보내는 방법이 통용되고 있었습니다. 대리자는 그를 대신해서 전쟁에 나가서 대신 군복무를 했습니다. 대리자가 전사하게 되자, 또 다른 징병서가 발행되었습니다. 그렇다면 한 사람에 대해서 두 번째 징병통지서가 발행되는 것이기에, 그는 자신을 전사한 군인으로 여겨달라는 탄원서를 제출했습니다. 탄원서에 대한 진술을 요구받았을 때, 그는 자신의 대리인이 이미 전사했기에 당연히 자신도 죽은 것으로 여김을 받아야 한다고 주장했습니다. 처음 있는 사례이기 때문에 이 소송은 대법원까지 올라갔고, 수차례 검사와 재판을 거친 후, 결국 자신의 대리인의 죽음에 근거해서 병역법상 청년도 죽은 것으로 판결이 났습니다. 이것은 우리에게도 마찬가지입니다. 만일 우리가 주 예수 그리스도를 믿는 신자라면, 그리스도의 죽음은 우리의 죽음이 되고, 우리도 죽은 것으로 여김을 받습니다. 따라서 우리도 마찬가지로 우리의 대속주 안에서 함께 죽었고, 우리의 대속주 안에서 우리의 죄와 죄들에 대한 총체적인 심판과 정죄가 이루어졌고 또 지나갔다고 호소할 수 있습니다.

2. 결과적으로 **우리는 죄에 대해서 죽었습니다**(2절). 죄에 대하여 죽은 우리는 죄에서 자유롭게 되었습니다(7절). 즉 내주하는 죄의 처소이자 우리 속에 있는 아담의 본성으로 가득한 옛 사람은 그리스도의 죽음을 통해서 하나님 앞에서 합법적으로 심판을 받

았습니다. 따라서 죄에 대한 형벌이 이미 치러졌기 때문에, 우리는 하나님 앞에서 합법적으로 죽은 사람으로 여김을 받으며, 또한 죽었기 때문에 죄로부터 자유롭게 되었습니다. 그리스도의 죽음에 연합함으로써 우리도 죽었기에, 죄에 대한 모든 혐의를 벗었고, 죄에서 완전한 해방을 받았습니다.

이 영적 해방의 진리가 가져다주는 실제적인 결과는 다음 구절에 제시되어 있습니다. "만일 우리가 그리스도와 함께 죽었으면 또한 그와 함께 살 줄을 믿노니 이는 그리스도께서 죽은 자 가운데서 살아나셨으매 다시 죽지 아니하시고 사망이 다시 그를 주장하지 못할 줄을 앎이로라 그가 죽으심은 죄에 대하여 단번에 죽으심이요 그가 살아 계심은 하나님께 대하여 살아 계심이니 *이와 같이 너희도 너희 자신을 죄에 대하여는 죽은 자요 그리스도 예수 안에서 하나님께 대하여는 살아 있는 자로 여길지어다* 그러므로 너희는 죄가 너희 죽을 몸을 지배하지 못하게 하여 몸의 사욕에 순종하지 말고"(8-12절) 이 구절을 볼 때 우리가 기억해야 할 것은, 우리는 그리스도의 죽음에 참여하고 있을 뿐만 아니라, 그리스도의 부활에도 참여하고 있다는 것입니다. "만일 우리가 그리스도와 함께 죽었으면 또한 그와 함께 살 줄을 믿노니"(8절) 따라서 이것은 "그가 죽으심은 죄에 대하여 단번에 죽으심이요 그가 살아 계심은 하나님께 대하여 살아 계심"(10절)이라는 사실을 확증하고 강화해주고 있습니다.

이어서 실제적인 권면이 이어집니다.

1) 우리는 **우리 자신을 죄에 대하여 죽은 사람으로 여겨야** 합니다. 이 권면의 말씀은 진리를 기반으로 하고 있습니다. 만일 우리가 실제적으로 죽었다면, 우리 자신을 죽은 사람처럼 여길 필요가 없을 것입니다. 따라서 우리가 할 일은 *우리 자신에 대한 하나님의 평가를 받아들이는 것*입니다. 그리스도의 십자가를 통해서 우리를 심판하신 하나님은 우리 속에 있는 아담의 본성을 처리하셨고, 결과적으로 하나님 앞에서 우리는 죽은 자가 되었습니다. 이것은 하나님이 모든 신자 속에 있는 옛 사람에 대해서 처리하신 합법적인 결과입니다. 이러한 합법적인 처리를 우리는 믿음으로 받아들여야 합니다. 하나님이 하신 일을 우리는 믿어야 하며, 비록 외관상 또는 경험상 그렇게 보이지 않을지라도 믿어야 합니다. 하나님이 우리를 그리스도와 함께 십자가에서 죽은 것으로 여기신다면, 우리도 우리 자신을 죄에 대하여 죽은 자로 여겨야 합니다. 성경은 이 진리를 다양한 방법으로 표현하고 있습니다. "내가 그리스도와 함께 십자가에 못 박혔나니"(갈 2:20), "너희가 … 그리스도와 함께 죽었거든"(골 2:20) 이와 같은 여러 구절들은 우리가 살펴보고 있는 해방의 진리의 기초를 이루고 있습니다. 하나님은 모든 신자를 그리스도와 함께 죽은 자로 여기시며, 따라서 죄(sin)에 대한 정죄는 그렇게 해결되었습니다. 이 진리는 유혹 또는 시험의 시기에 우리에게 유리한 자리를 제공해줍니다. 죄가 우리

를 시험하는 모든 순간에, 우리는 우리의 옛 사람이 그리스도와 함께 십자가에 못 박혔으며, 이는 죄의 몸이 멸하여 다시는 우리가 **죄에게 종노릇 하지 않도록** 하신 것을 기억해야 합니다(롬 6:6).

따라서 하나님 앞에서 우리의 자리는 책임의 문제를 가지고 옵니다. 만일 내가 죄에게 굴복한다면, 사실 나는 내가 그리스도와 함께 죽었다는 것을 부인하는 것이 됩니다. 그렇다면 죄는 그 사실을 증거삼아, 내가 육신 가운데 살아 있으며 또한 육신을 따라 행동하고 있다고 고소할 것입니다. 하지만 나 자신에 대한 하나님의 평가를 믿음으로 받아들인다면, 나는 죄가 나의 죽을 몸에 왕 노릇하지 못하게 할 것이며, 정욕에 굴복하지 않게 할 것입니다. 나 자신을 죄에 대하여 죽은 자로 여길 것이며, 따라서 그리스도의 죽음에 의지해서 죄에서 해방되어 자유를 누릴 것입니다. 따라서 나는 중단 없이 평안을 누릴 수 있습니다. 그럼에도 잊지 말아야 할 것은, 내 속에 여전히 존재하는 육신이 죽음의 자리에 있지 않다면, 비록 십자가에서 심판받고 정죄를 받았지만 정욕은 언제라도 고삐 풀린 망아지처럼 날뛰게 된다는 것입니다.

2) 또한 **우리 자신을 그리스도 예수 우리 주 안에서 하나님께 대하여는 살아 있는 자로 여겨야** 합니다. 이미 말했듯이, 이것은 우리가 그리스도와 함께 부활한 사실을 전제로 하고 있습니다. 왜

냐하면 이것은 우리가 부활하신 그리스도 안에 있는 존재가 되어야만 우리는 하나님께 대하여 살아있을 수 있기 때문입니다. 골로새서에서 우리는 이 진리의 측면이 완전한 형태로 전개되어 있는 것을 볼 수 있습니다. 사도 바울은 우리가 그리스도와 함께 부활한 사실을 가지고 실제적인 삶에 적용하도록 호소하고 있습니다. "그러므로 너희가 그리스도와 함께 다시 살리심을 받았으면 위의 것을 찾으라 거기는 그리스도께서 하나님 우편에 앉아 계시느니라 위의 것을 생각하고 땅의 것을 생각하지 말라 이는 너희가 죽었고 너희 생명이 그리스도와 함께 하나님 안에 감추어졌음이라" (골 3:1-3) 그렇다면 우리는 그리스도와 함께 십자가에 못 박혀 죽었을 뿐만 아니라, 그리스도 안에서 우리는 이미 죽음을 통과한 것입니다. 그래서 하나님은 우리를 그리스도와 "함께 일으키사 그리스도 예수 안에서 함께 하늘에 앉히" 셨습니다(엡 2:6). 이 사실은 이스라엘 백성들이 홍해를 건넌 사건 속에 예표되었습니다. 모형적으로 홍해는 예수님의 죽으심과 부활을 가리킬 뿐만 아니라, 그리스도 안에서 그분의 백성들도 죽고 다시 살아난 것을 보여줍니다. 하나님은 자기 백성을 죄에 대하여 죽고, 또 죽음을 통해서 죄로부터 해방시키는 역사를, 그때나 지금이나 동일하게 행하셨습니다. 하나님은 그리스도 안에서 그들을 죽음에 넣으셨고, 결과적으로 대적이 추적할 수 없도록 하신 것입니다. 우리는 믿음을 통해서 이미 죽음에 참여했습니다. 피로써 하나님의 심판에서 벗어나게 해주셨고, 그리스도 안에 있는 우리를 위해서 역사하시는 하나님의 능력으로 이 세상 임금인 사탄의 권세에서 해방시켜 주셨습니다. 하나님의 심판에서 우리를 보호해주는 피는 시작을 가리킵니다. 그리스도로 말미암아 우리를 다시 살아나게 해준 능력은, 우리를 따라오면서 끊임없이 공격하고 송사하는 사탄의 권세로부터 우리를 자유롭게 해주었습니다. 이렇게 우리는 애굽과 세상에서 벗어났습니다.

두 가지를 조심스럽게 주목해야 합니다. 첫 번째, 우리가 하나님께 대하여 살아있는 것은 **그리스도 안에서** 된 일입니다. 두 번째, 그리스도 안에 있는 우리의 존재는 전적으로 믿음을 기초로 하고 있으며, 믿음의 일입니다. 따라서 우리도 우리 자신을 그렇게 여겨야 합니다. 우리는 그리스도 안에서 실제적으로 살아났고 또 살고 있습니다. 안팎으로 모든 것이 이 사실과 모순처럼 보일지라도 우리는 하나님의 평가를 받아들여야 합니다. 하나님이 나를 죄에 대하여는 죽은 자로, 그리스도 예수 안에서 하나님께 대하여는 산 자로 보시는 한, 나도 나 자신을 그렇게 여겨야 합니다. 하나님의 평가는 나의 믿음과 확신의 기초일 뿐만 아니라 내가 감당해야 할 책임의 근거이기도 합니다.

따라서 우리는 하나님 앞에서 그리스도의 죽으심과 부활을 통해서 우리의 옛 상태와 신분에서 벗어나, 더 이상 육신이 들어올 수 없는 전혀 새로운 영역과 자리로 들어왔습니다. 이것은 (죄와 율법과 육신으로부터의) 완전한 해방을 통해서 된 일입니다. 따라서 성경은 "그러므로 이제 그리스도 예수 안에 있는 자에게는 결코 정죄함이 없[다]"(롬 8:1)고 말할 뿐만 아니라 "만일 너희 속에 하나님의 영이 거하시면 너희가 육신에 있지 아니하고 영에 있[다]"(롬 8:9)고 말합니다. 이 두 가지가 죽은 자 가운데서 다시 살아나신 그리스도 안에서 우리가 하나님 앞에 서있는 완전한 지위 (our perfect standing before God)인 것입니다.

3. 이제야 비로소 다음 구절이 말하고 있는 교훈을 이해할 수 있는 **새로운 신분 속으로** 들어왔습니다. "그러므로 너희는 죄가 너희 죽을 몸을 지배하지 못하게 하여 몸의 사욕에 순종하지 말[라.]"(롬 6:12) 여기서 우리는 우리의 실제적인 상태와 그리스도 예수 안에서 하나님 앞에 서있는 우리의 지위는 사뭇 다르다는 모순을 느낄 수 있습니다. 이미 살펴보았지만, 하나님은 우리를 죄에 대하여 죽은 자로 여기고 계십니다. 하지만 이 권면의 구절은 신자 속에 있는 죄의 존재를 인정하기 때문에 주어진 것입니다. 이러한 모순을 염두에 두고 실제적인 결과와 책임의 문제를 생각하면서, 그리스도인의 삶의 초기에 자주 만나는 어려움들을 해결해야 합니다. 사실 많은 경우 신자들은 일생동안은 아닐지라도 수년 동안 그리스도께서 주신 자유 상태가 아니라 실상은 노예상태에 머물러 있습니다. 이것이 당신에게도 사실이라면 하나님의 말씀에 따라서 이 주제에 대한 성경의 가르침을 요약하고 있는 다음

의 내용들을 마음을 다해서 읽어주시기 바랍니다.

**1) 내주하는 죄는 항상 신자 속에 존재합니다.** 신자는 하나님 앞에서 완전한 해방을 누리고 있지만, 그럼에도 여전히 자기 속에 있는 육신은 변화되지 않은 채 남아 있습니다. 따라서 신자는 "내 속 곧 내 육신에 선한 것이 거하지 아니[한다]"(롬 7:18)고 시인하지 않을 수가 없습니다. 신자는 육신의 성격을 조금이라도 개선시켜보려는 기대를 하지 말아야 합니다. 육신은 회심 이전이나 이후나, 신자가 죽음을 맞아 그리스도께로 가거나 혹은 그리스도께서 재림하시는 때까지 항상 변함이 없을 것입니다(롬 7:18, 롬 8:1-13, 갈 3:16-26).

**2) 내주하는 죄의 존재는 그리스도 예수 안에서 하나님 앞에 있는 우리의 신분에 아무 영향을 미치지 않습니다.** 왜냐하면 하나님은 우리를 여전히 죄에 대하여 죽은 자로 여기시기 때문입니다. 이것은 우리에 대한 하나님의 법적인 평가이며, 결과적으로 하나님은 우리 속에 있는 죄가 그리스도의 죽음을 통해서 이미 심판받은 것으로 보시기 때문입니다. 따라서 육신 속에 있는 죄는 이미 정죄를 받았습니다(롬 8:3). 그렇다면 내 속에 일어나는 죄의 활동은, ***내가 죄에 굴복하지 않는다면***, 하나님의 사랑을 기뻐하고 즐거워하는 나의 행복을 일순간도 방해할 수 없습니다. 왜냐하면 나는 내 속에 있는 육신을, 하나님의 평가에 따라서 이미 심판받

은 것으로 여기고 있기 때문입니다. 따라서 나의 신분은 변경될 수 없으며, 나의 마음에 누리는 평안과 하나님과의 교제도 방해받지 않을 수가 있습니다.

**3) 내가 감당해야 하는 책임은 하나님의 평가에 의해서 결정됩니다.** 만일 하나님께서 나를 죄에 대하여 죽은 자로 여기신다면, 나도 반드시 그러해야 합니다. *그렇다면 나는 죄가 나의 죽을 몸을 지배하지 못하도록 해야 하며, 몸의 정욕에 순종해서는 안됩니다.* 만일 죄가 나를 지배하도록 허용했다면, 나는 내가 죄에 대하여 죽었다는 하나님의 평가를 실제적으로 부인하는 것이 됩니다. 나는 나 자신을 계속해서 사망의 자리에 두어야 하며, 땅에 있는 지체를 죽여야 합니다(골 3:5). 왜냐하면 나는 이미 그리스도와 함께 죽었기 때문입니다. 바로 여기에 전체적인 비밀이 숨겨져 있습니다. 내 힘으로는 대적을 이길 수 없습니다. 하지만 하나님은 이미 대적을 심판하셨기에, 나는 단순히 그 사실을 말씀을 통해서 믿고 행동하면 됩니다. 따라서 우리는 성경에서, 도덕주의자들이나 심지어 성경에 무지한 성직자들이 강조하는 것처럼 죄를 쫓아내거나, 죄를 뿌리째 뽑으라는 교훈을 볼 수 없습니다. 다만 죄가 왕 노릇하지 못하게 하라는 권면을 받고 있습니다. 그렇기 하기 위해서 우리는 우리 자신을 죽음의 자리에 두어야 하며, 이미 집행된 사망의 선고 아래 있는 자로 여겨야 합니다.

"아, 이건 내게 너무 어려운 일이네요. 가련한 피조물인 내가 이것을 어떻게 할 수 있단 말인가요?"라고 당신은 외칩니다. 그렇게 말하는 것은 불신앙에서 나오는 말입니다. 골리앗 앞에 서있는 다윗을 생각해보십시오. 다윗은 그처럼 강력한 대적을 상대하는 일을 불가능하다고 느꼈을까요? 결코 그렇지 않습니다. 다윗이 확신한 한 가지는 바로, "전쟁은 여호와께 속했다"는 것이었습니다. 골리앗은 주님의 대적이었기에, 주님이 그 날 자신을 대적의 손에서 건져주실 것을 굳게 믿었습니다(삼상 17:45-47). 그리고 다윗은 주님의 힘으로 대적을 상대했습니다. 그러한 믿음 때문에 다윗 앞에서 골리앗은 작은 난장이에 불과했습니다. 그렇습니다. 그토록 커보이던 거인 골리앗이 믿음에 의해서 전적으로 무기력하고 아무 것도 아닌 존재가 되어 버렸습니다. 이것은 우리에게도 마찬가지입니다. 우리 속에 내주하는 죄는 맹렬하고 강렬하지만, 우리 자신을 죄에 대하여 죽은 자로 여기라고 말씀하신 하나님은 그러한 명령에 부합하도록 우리에게 능력을 공급해주셨습니다. 하나님은 우리 속에 내주하시는 성령님을 주셨기에, 만일 우리가 "**영으로써** 몸의 행실을 죽이면 살 것"이며(롬 8:13), 만일 우리가 "성령을 따라 행하(면)…육체의 욕심을 이루지 아니[할 것입니다.]"(갈 5:16) 그러므로 하나님의 영은 이 전쟁을 능히 이길 수 있는 우리의 힘이며, 죄로 하여금 우리 죽을 몸을 지배하지 못하도록 해주는 넉넉한 권능인 것입니다.

영적 해방이 완전하게 이루어졌지만, 그럼에도 내주하는 죄의 존재를 없이한 것은 아닙니다. 하나님은 그리스도의 죽음을 통해서 죄를 심판하셨습니다. 이제 우리는 그리스도의 부활을 통해서 죄의 권세에서 벗어난 상태에 있습니다. 그렇다면 우리는 우리 마음 속에 내주하시는 성령 안에서 능력을 소유하고 있으며, 하나님이 심판과 죽음 아래 두신 곳에 죄를 가둘 수 있게 되었습니다. 하나님의 이름을 찬양합시다! 우리는 이스라엘 백성들처럼, 이제 홍해를 건넌 부활의 자리에 서서 "주님은 나의 힘이요 노래시며 나의 구원이시로다"(출 15:2)라고 찬송을 부를 수 있습니다.

# 제 9장 성령의 내주

"너희가 다 믿음으로 말미암아 그리스도 예수 안에서 하나님의 아들이 되었으니"(갈 3:26), "너희가 아들이므로 하나님이 그 아들의 영을 우리 마음 가운데 보내사 아빠 아버지라 부르게 하셨느니라."(갈 4:6) 여기에 제시되어 있는 순서를 주목하십시오. 우리는 그리스도 예수 안에 있는 믿음으로 말미암아 성령으로 거듭났으며, 이제 아들이 되었습니다. 그렇다면 하나님은 양자의 영으로서 성령님을 우리 마음에 내주하시도록 보내주십니다. 성령의 내주는 아들이 되는 것과 동시에 일어나는 것이 아니라 아들이 된 결과로 주어지는 것임을 주목하시기 바랍니다.

이것이 하나님이 정하신 순서입니다. 이러한 순서는 이스라엘을 다루셨던 하나님의 섭리를 통해서도 예표되었습니다. 유월절의 밤, 애굽에 있었던 이스라엘 백성은 피에 의해서 완전한 보호를 받았습니다. 그럼에도 이스라엘 백성들이 홍해를 건너기 전까지는 구원을 받은 것이 아니었습니다. 홍해를 건넌 후에야 우리는 구원 혹은 하나님이 거룩한 처소에 들어가시는 것에 대해서 읽을 수 있습니다. 사실, 하나님은 이스라엘 백성들이 애굽에서 나오고, 홍해를 건너 광야로 들어가기 전까지, 자기 백성들 가운데 거하지 않으셨습니다. 지금도 마찬가지입니다. 한 영혼이 성령으로 다시 살리심을 받고, 거듭나게 되면 그리스도의 피의 보호를 받게 되지만, 하나님을 "아빠 아버지"로 부르려면 성령의 내주가 시작되어야만 합니다(갈 4:6). 따라서 로마서를 읽어보면, 로마서 8장에 이르기까지 신자 속에 내주하시는 성령님에 대해서 구체적으로 언급하고 있는 구절을 찾아볼 수 없는 것입니다. 신자가 죄와 율법으로부터 자신이 해방된 것을 알지 못하는 한, 성령의 내주란 주제의 가르침을 상고하는 것은 헛된 일에 불과합니다. 그럼에도 "오호라 나는 곤고한 사람이로다 이 사망의 몸에서 누가 나를 건져내랴?"(롬 7:24)는 외침이 터지면, 이내 그에 대한 완전한 답변으로 "**만일 너희 속에 하나님의 영이 거하시면** 너희가 육신에 있지 아니하고 영에 있[다.]"(롬 8:9)는 놀라운 확증을 얻게 될 것입니다.

그렇다면 진실로 모든 구원받은 영혼 속에는 내주하는 성령님이 있습니다. 처음 복음이 전파될 때, 복음이 완전한 형태로, 단순하게, 성령의 능력 가운데 선포된다면, 하나님의 은혜로 복음을 받은 사람들은 즉시 어둠에서 나와 빛 가운데로 들어가게 될 것이고, 즉시 구속의 인침으로써 성령님을 선물로 받게 될 것입니다. 하지만 오늘날 전해지는 복음에는 여러 가지 인간적인 사상이 혼합된 결과로 혼돈이 난무하고 있기에, 그리스도 예수 안에 있는 하나님 은혜의 복음의 충만함은 거의 전파되고 있지 않기 때문에, 비록 거듭났지만 여전히 어둠 속에서 헤매고 있고 또 율법 아래 종노릇하며 신음하고 있는 사람들이 너무도 많습니다. 그래서 비록 영혼이 다시 살리심을 받았지만 그럼에도 여전히 양자의 영을 받지 못하고 있는 사람들이 많이 있을 수밖에 없습니다. 양자의 영을 통해서만 신자는 하나님을 아빠 아버지로 부르짖을 수 있습니다. "성령이 친히 우리의 영과 더불어 우리가 하나님의 자녀인 것을 증언[해주십니다.]"(롬 8:16) 따라서 만일 우리가 하나님의 자녀인 것을 알지 못하거나, 혹은 자녀된 신분을 확신하면서 아빠 아버지로 부르지 못하는 것은, 아직 우리 속에 내주하시는 성령님을 받지 못했기 때문인 것입니다.

이제부터 우리는 성경이 이 주제에 대해서 무엇이라고 가르치는가를 살펴보고자 합니다. 우리가 이미 살펴본 대로, 하나님의 영은 우리가 아들된 결과로 우리 속에 자신의 거처를 삼으십니다.

이것은 *그리스도인을 구약시대에 속한 성도와 구분 짓는 요소*입니다. 유대인 신자들은 성령으로 다시 살리심을 받고 거듭났지만, 자신들 속에 내주하시는 하나님의 영에 대해선 아무 것도 몰랐습니다. "(예수께서 아직 영광을 받지 않으셨으므로 성령이 아직 그들에게 계시지 아니하시더라)"(요 7:39) 하나님의 영은 신약시대뿐만 아니라 구약시대에도 항상 능력으로 역사하셨습니다. 구약시대 성도들을, 그리스도인과 마찬가지로, 다시 살리신 분은 성령님이셨습니다. 게다가 성령님은 섬김과 봉사를 위해서 그들을 능력으로 강건하게 하셨습니다. 하지만 신자 속에, 그리고 교회 안에 내주하시는 인격체로서 하늘에서 강림하신 것은 그리스도의 죽음, 부활, 그리고 승천의 결과였습니다. 이러한 차이점은 시편 기자의 기도를 통해서 쉽게 이해할 수 있습니다. "나를 주 앞에서 쫓아내지 마시며 *주의 성령을 내게서 거두지 마소서.*"(시 51:11) 반면 사도 바울은 에베소에 있는 성도들에게 편지를 쓰면서 "하나님의 성령을 근심하게 하지 말라 그 안에서 너희가 *구속의 날까지 인치심을 받았느니라.*"(엡 4:30)고 말했습니다. 구약시대 시편 기자의 마음을 감동시킨 성령의 역사는 중단되거나 그 복된 능력의 실체를 잃어버릴 수 있었습니다. 하지만 신약시대의 신자들은, 비록 성령님을 근심시켜드릴 수는 있지만, 구속의 날까지 성령으로 인치심을 받았기 때문에, 성령님을 잃어버릴 수는 없습니다. 이 땅에 강림하셔서 하나님의 교회에 임재하고 계신 성령님의 존재가 기독교의 특징을 부여하는 것처럼, 이 시대 하나님의 자녀 속에 내주하시는 성령님은 그들을 지난 모든 세대의 신자들로부터 구별시켜주고 있습니다. 왜냐하면 우리를 그리스도와 하나로 연합시키고, 우리를 그 몸의 지체로 삼으시고, 그 몸의 살과 뼈가 되게 하시는 것은 성령님이기 때문입니다(고전 12:13, 엡 5:30). 이렇게 우리를 그리스도와의 연합, 그리스도의 몸된 지체의 자리에 두는 것은 그리스도께서 영광을 받으시고, 하늘에서 머리의 자리를 차지하기 전까지는 가능하지 않았습니다.

이제 내주하는 성령님의 실제적인 측면들에 대해서 살펴보겠습니다.

**1. 증인으로서.** 이 땅에 강림하신 성령님은 완성된 구속의 역사를 증거하는 증인으로서 존재합니다. 우리 주님은 세상을 떠나 하늘로 가시기 전, "또 다른 보혜사"(요 14:16,17,5,26, 요 15:26,27, 요 16:7-14)를 보내주실 것을 약속하셨습니다. 게다가 주님은 제자들에게 "내가 내 아버지께서 약속하신 것을 너희에게 보내리니"라고 말씀하셨고, "너희는 위로부터 능력으로 입혀질 때까지 예루살렘 성에 머물라"(눅 24:49)고 말씀하셨습니다. 그러므로 오순절 성령님의 강림은 구속(救贖) 역사가 완성되었다는 절대적인 증거이며, 하나님께서 그리스도의 완성된 사역을 받으시고 또 만족하셨다는 확실한 표지인 것입니다. 왜냐하면 "증언하는 이는 성령이시니 성령은 진리"(요일 5:6)이기 때문입니다.

이제 우리는 하나님의 자녀 속에 내주하는 영에 대해서 살펴보겠습니다. 우리가 이미 살펴본 대로, 성령님은 "친히 우리의 영과 더불어 우리가 하나님의 자녀인 것을 증언"(롬 8:15,16, 갈 4:6,7) 해주십니다. 이 점에서, 성령님은 개인 영혼들에게 완성된 구속역사에 대해서 증언하시는 증인이십니다. 따라서 모든 하나님의 자녀는 이러한 확실한 증거를 통해서 자신이 구원받았다는 확신을 가질 수 있습니다. 하지만 혹 이러한 성령의 증언이 우리의 아들 됨을 어떻게 증거해 주는가? 하고 묻고 싶을 것입니다. 우리 속에 성령님이 내주하신다는 사실 자체가 그것을 증언해줍니다. 성령의 임재에 의해서 성령님은 우리 속에 관계에 합당한 감정(정서)를 불러일으키며, 아버지의 사랑을 기뻐하는 마음을 일으키며, 자녀의 자리와 신분에서 흘러나오는 거룩한 친밀감을 가지고 아빠 아버지라 부르짖게 하심으로써 우리가 믿은 말씀, 즉 하나님의 자녀로서 우리에게 속한 관계와 복을 계시해준 말씀이 사실인 것을 우리 영혼에 확증시켜주시고, 우리 영과 관련해서 매우 독특한 내용을 증언해주십니다. 하지만 이것은 결코 음성으로 들려주는 증거는 아닙니다. 다만 우리 영에 의해서 분별되고 이해될 수 있을 뿐입니다. 그렇기는 하지만, 이것은 매우 실제적인 일입니다. 사실 이것은 우리 자신과 하나님 사이에서 진행되는 생생한 비밀입니다. 성령의 증언이 가지고 있는 힘과 독특성은 매우 생생한 것이지만, 몇 가지 조건을 가지고 있습니다. "무릇 하나님의 영으로 인도함을 받는 사람은 곧 하나님의 아들이라" 다른 말로 하자면,

하나님의 영으로 인도함을 받는 존재가 되는 것이 하나님의 아들이 된 증거라는 것입니다. 즉 우리가 단순하고, 사랑에 의한 순종과 전적인 의존 가운데서 행할 때, 우리 영은 우리의 아들됨에 대한 성령의 증언을 가장 선명하게 분별할 수 있습니다. 하지만 만일 우리가 성령님을 근심시켜드리는 방향으로 행하게 되면, 성령의 증언을 듣고자 하는 것은 헛된 일이 될 것입니다. 왜냐하면 성령님을 근심시키는 일은 성령님의 침묵을 가져오기 때문입니다. 그렇다면 하나님은 자기 자녀 가운데 그 누구라도 자신이 하나님의 자녀가 되었기에 구원받았다는 확신을 가지고 도리어 조심성 없이 행하는 것을 기뻐하지 않으십니다. 오히려 하나님은 만일 하나님의 자녀가 되었다면 성령으로 인도를 받을 것이며, 성령님은 우리 영으로 더불어 증거하시고, 또한 하나님을 아빠 아버지로 부르게 하셨음을 가르치고 계십니다.

**2. 인으로서.** 이 진리는 여러 구절을 통해서 제시되고 있습니다. "우리를 너희와 함께 그리스도 안에서 굳건하게 하시고 우리에게 기름을 부으신 이는 하나님이시니 그가 또한 우리에게 인치시고 보증으로 우리 마음에 성령을 주셨느니라"(고후 1:21,22) 또한 "그 안에서 너희도 진리의 말씀 곧 너희의 구원의 복음을 듣고 그 안에서 또한 믿어 약속의 성령으로 인치심을 받았으니"(엡 1:13) 또 에베소서는 우리는 "하나님의 성령을 근심하게 하지 말라 그 안에서 너희가 구원의 날까지 인치심을 받았느니라"(엡 4:30)는 교훈

을 받고 있습니다. 신자 속에 내주하시도록 주어진 성령님이 바로 인(印)입니다. 이로써 하나님은 신자에게 표시를 하고, 자신의 소유된 백성으로 삼으시고, 그들 속에 성령을 두심으로써 자기 소유물로 선언하시는 것입니다.

한 가지 예를 들어보겠습니다. 어떤 물건에 굵은 화살촉 도장으로 찍으면 그것은 즉시 영국 여왕의 소유물이 됩니다. 마찬가지로 하나님의 영은 우리를 따로 구분하여, 하나님의 소유물이라는 표시를 해두었습니다. 이것을 위해 에베소서에서 사용한 예표는 바로 도장(圖章)입니다. 이제 도장을 찍음으로 인치는 것은 그것을 찍은 사람의 소유권을 나타낼 뿐만 아니라, 또한 보호를 받고 있음을 나타내줍니다. 그렇게 성경은 신자가 구속의 날까지 인침을 받았다고 말하고 있습니다. 그들은 주님이 다시 오셔서 자신들을 주님에게로 영접할 때까지 인침에 의해서 보호를 받고 있습니다. 그렇다면 이렇게 구원의 복음을 듣고 믿은 신자만이 인침을 받습니다. 사실 신자들은 주님의 소유물이 되기 전까지, 종노릇하던 집에서 나오기 전까지(율법 아래서 종노릇 하는데서 해방을 받기 전까지), 그리스도의 죽음과 부활에 연합하기 전까지, 안전하게 될 뿐만 아니라 구원받기 전까지는 인침을 받을 수 없었습니다.

**3. 보증으로서.** 성령님을 보증으로 말하는 구절은 다음과 같습니다. "그가 또한 우리에게 인치시고 보증으로 우리 마음에 성령

을 주셨느니라"(고후 1:22), "그 안에서 너희도 진리의 말씀 곧 너희의 구원의 복음을 듣고 그 안에서 또한 믿어 약속의 성령으로 인치심을 받았으니 이는 우리의 기업의 보증이 되사 그 얻으신 것을 속량하시고 그의 영광을 찬송하게 하려 하심이라"(엡 1:13,14) 나중 구절이 보증의 의미를 더욱 선명하게 말해줍니다. 이제 우리에게 주어진 성령님은 "우리의 기업의 보증"으로서 설명되어 있습니다. 즉 성령님은 장차 우리가 주 예수 그리스도 안에서 또는 주 예수 그리스도로 말미암아 기업으로 받게 될 것의 처음 열매입니다. 사실상, 물건을 거래할 때 구매대금의 일부분을 보증금으로 지불해도 거래는 성사되는 것처럼, 하나님은 은혜롭게도 우리에게 우리 기업의 보증으로 내주하는 성령을 주셨습니다. 이로써 우리는 하나님이 약속하신 모든 것을 이루시고, 자신의 소유물로 표시한 모든 것을 잃어버리지 않고 확실하게 소유하실 것을 확신할 수 있습니다. 왜냐하면 (이렇게 말할 수 있다면) 하나님은 보증으로 성령을 주심으로써 자신의 신실한 말씀을 확실히 이루시고자 자신을 속박하신 것입니다. 보증금은 약속과 저당의 의미가 있습니다. 하지만 성령님은 그 이상의 의미를 가지고 있습니다. 우리가 살펴본 대로, 성령님은 우리에게 기업이 확고하다는 것을 확인시켜 주고 또 하나님께서 친히 우리로 하여금 하나님의 영광의 찬송을 위해서 기업을 얻게 해주실 것을 보증해주시는 인장(印章)이십니다.

**4. 내주하는 성령의 사역.** 어쩌면 이 장의 주제를 벗어나는 것일 수도 있지만, 내주하는 성령의 사역에 대해서 살펴보겠습니다. 우리는 간단하게 성령님은 **예배를 위한**(요 4:23,24, 빌 3:3), **기도를 위한**(롬 8:26,27, 엡 6:18, 유 20), **행함을 위한**(롬 8:14, 갈 5:16,26), **봉사를 위한**(고전 2;4, 살전 1:5), **진리 이해를 위한**(고전 2:9-16, 요 16;13, 요일 2:20-27), **성장을 위한**(엡 3:16-19) **우리의 능력**이신 것을 알 수 있습니다. 실상, 하나님 앞에서 우리의 존재를 특징짓는 것, 즉 우리 속에 하나님의 영이 거하심으로써 우리가 육신에 있지 아니하고 영에 있게 된 것은 성령님 덕분입니다. 성령님만이 우리 영적인 삶의 모든 활동, 하나님을 대상으로 하든 사람을 대상으로 하든 모든 사역을 위한 능력의 원천이시며 공급처이십니다. 이 얼마나 복된 사실인지요! 우리가 우리 자신의 연약함을 알고, 우리가 아무 것도 아니라는 것을 알 때만이, 우리는 전적 의존의 교훈을 배울 수 있습니다. 우리가 전적으로 의존할 때, 하나님의 영께서는 우리 속에서 하나님의 뜻을 따라 자유롭게 역사하실 수 있기 때문입니다.

구원을 열망하는 영혼들과 어린 신자들에겐 "우리를 위하여 성취된 그리스도의 사역과 우리 속에 이루어지는 성령의 사역"을 혼동하지 말라는 경고를 드리고 싶습니다.

누군가 이런 말을 했습니다.

"우리는 우리 속에 있는 무언가를 평안의 근거로 삼고자 끊임없이 우리 속을 살피기가 쉽다. 우리를 위하여 성취된 그리스도의 사역이 아니라 우리 속에서 이루어지는 성령의 사역을 평안의 근거로 생각하는 경향이 있다. 이것은 실수이다. … 성령님은 평안을 창출하지 않으셨다. 그리스도께서 평안을 창출하셨다. 성령님을 우리의 평안으로 말한 곳은 한 군데도 없다. 그리스도가 우리의 평안이시다. 하나님은 '평안의 복음'을 예수 그리스도를 통해 보내신 것이지 성령님을 통해 보내신 것이 아니다(행 10:36, 엡 2:14,17, 골 1:20 비교해보라.) 성령님은 그리스도를 계시하신다. 성령님은 우리에게 그리스도를 알게 하시고, 그리스도를 기뻐하게 하시며, 그리스도를 통해 신령한 꿀을 공급하신다. 성령님은 그리스도에 대해서 증언하시고, 그리스도의 깊은 것들을 가지고 그것들을 우리에게 계시해주신다. 성령님은 하나님과의 교통의 능력이시며, 인장이시고, 증인이시고, 보증이시며, 또한 기름부음이시다. 요약하면, 성령의 역사는 극히 중요하다. 성령님이 없다면, 우리는 아무 것도 볼 수 없고, 들을 수 없고, 알 수 없고, 느낄 수 없고, 경험할 수 없고, 기뻐할 수 없을 뿐만 아니라, 그리스도에 관한 그 어떤 것도 알 수 없다. 이것은 매우 분명한 사실이며, 참되고 잘 교육받은 그리스도인이라면 누구라도 이해하고 인정할 수밖에 없는 진실이다. 이 모든 사실에도 불구하고, 성령님이 우리로 평안을 누리게 해주시는 것은 사실이지만, 그럼에도 성령의 사역 자체가 평안의 근거는 아니다. 비록 성령님이 우리의 권리를 계시해주시고, 그 권리를 누리도록 해주시는 분이시긴 하지만, 우리 권리의 본체는 성령님이 아니라 그리스도이시다."

그렇습니다. 평안의 근거 혹은 평안의 토대는 그리스도이십니다. 십자가에서 구속의 역사를 이루시고, 모든 사역을 완성하신 그리스도께서 우리 평안의 근거입니다. 따라서 누구든지 그리스도께서 우리가 범죄한 것 때문에 내줌이 되고 또한 우리를 의롭다 하시기 위하여 살아나신 것과, 예수 우리 주를 죽은 자 가운데서 살리신 하나님을 믿는 사람은 누구든지 의롭다 함을 받습니다. 이제 믿음으로 의롭다 하심을 받은 우리는 우리 주 예수 그리스도로 말미암아 하나님과의 화평을 가지고 있습니다(롬 4:24-25,5:1). 그렇다면 참 평안의 근거는, (이것은 항상 기억해야 하는 사실입니다) 우리 밖에 (즉 그리스도의 사역에) 있으며, 이미 설명 드린 대로 성령의 내주는 우리가 하나님의 아들들이 된 결과입니다.

만일 우리가 구원의 복음을 진실히 믿는 신자라면 우리 속에 성령님이 내주하신다는 사실을 아무리 강조해도 지나칠게 없습니다. 혹 육신을 따라 행함으로써 거룩하지 못한 행동으로 성령님을 근심시키지 않도록 조심하는 것도 마찬가지입니다. (엡 4:29-32을 읽으십시오.) 사도 바울의 엄중한 질문도 생각해보아야 합니다. "너희 몸은 너희가 하나님께로부터 받은 바 너희 가운데 계신 성령의 전인 줄을 알지 못하느냐? 너희는 너희 자신의 것이 아니라 값으로 산 것이 되었으니 그런즉 너희 몸으로 하나님께 영광을 돌리라"(고전 6:19,20) 그리고 다음의 권면의 말도 생각해보시기 바랍니다. "내가 이르노니 너희는 성령을 따라 행하라 그리하면 육체의 욕심을 이루지 아니하리라…만일 우리가 성령으로 살면 또한 성령으로 행할지니[라.]" (갈 5:16,25)

# 제 10장 신분과 책임

지금까지 그리스도 안에 있는 믿음과 연결된 구원을 설명했습니다. 우리가 얻은 구원을 통해서 들어온 완전한 축복의 자리에 대한 설명이 없다면, 온전하지 않을 것입니다. 거듭난 많은 영혼들이 그리스도께서 자신들을 위해서 이루신 것이 진정 무엇인지를 모른 채, 여전히 의심과 불안 상태에서 종노릇하고 있다는 것은 너무도 슬픈 일입니다. 그리스도 안에서 자신이 얻은 지위(신분, 자리)에 대한 지식이 없다면 자신의 책임에 대한 이해도 불확실할 수밖에 없습니다.

우리는 죄 사함이 그리스도 안에 있는 신자가 얻은 복이라는 것을 이해하고 있습니다. 이 죄 사함의 복이 참으로 큰 것이긴 해도, 은혜 속에서 우리가 누릴 복에 비하면 지극히 일부분에 지나지 않습니다. "그러므로 우리가 믿음으로 의롭다 하심을 받았으니 우리 주 예수 그리스도로 말미암아 하나님과 화평을 누리자"(롬 5:1) 이 구절은 우리에게 주어진 두 가지 추가적인 복을 말해주고 있습니다. 하나는 "우리가 믿음으로 서 있는 이 은혜에 들어감을 얻었[다]", 즉 그리스도 안에 있는 하나님의 충만한 호의 속으로 들어왔다는 것이고, 다른 하나는 "하나님의 영광을 바라고 즐거워해는 것,"(2절) 즉 우리가 받은 현재적인 복들의 실현과 이러한 복들의 극치(極致)인 하나님의 영광을 바라고 기뻐하는 자가 되었다는 것입니다. 그리스도로 말미암아 우리에게 주어진 이러한 하나님의 은혜의 선물들은 이 땅에서 의롭다 함을 받은 사람으로서 받은 복들입니다. 게다가 우리와 하나님 사이에는 완전하고도 영원한 화목이 이루어졌습니다(골 1:21,22을 보십시오.) 이보다 더 큰 영적인 복이 있는데, 앞서 이 영적 해방의 진리를 다루면서 다소 부분적으로 다루었습니다. 그것은 바로 하늘에 있는 우리의 자리입니다.

그렇다면 **하나님 앞에서 우리의 신분, 지위 혹은 자리는 무엇일까요?** 그것은 그리스도께서 지금 계신 그 자리를 대변해주는 '그리스도 안에(in Christ)' 입니다. 우리는 로마서 8장에서, 하나님은 모든 신자를 그리스도와 함께 죽은 자로 여기신다는 것을 살펴보았습니다. 그래서 사도 바울은 골로새 성도들에게 "너희가 죽었고 너희 생명이 그리스도와 함께 하나님 안에 감추어졌음이라"(골 3:3)고 쓸 수 있었습니다. 골로새서 3장 1절은 우리가 "그리스도와 함께 다시 살리심"을 받았다고 말하고 있습니다. 다른 서신서에서는 이 사실을 언급하고 있는 더 많은 구절들을 볼 수 있습니다. "긍휼이 풍성하신 하나님이 우리를 사랑하신 그 큰 사랑을 인하여 허물로 죽은 우리를 그리스도와 함께 살리셨고 (너희는 은혜로 구원을 받은 것이라) 또 함께 일으키사 **그리스도 예수 안에서 함께 하늘에 앉히시니**"(엡 2:4-6) 이러한 표현들은 이미 이루어진 사실을 언급하고 있습니다. 이 구절들을 통해서 배우는 것은, 우리는 실제적으로 이 땅에서 육체 가운데 있지만, 하나님 앞에서 우리는 그리스도 예수 안에서 하늘에 앉아 있다는 것입니다. 우리를 위해서 이루신 그리스도의 사역은 이러한 엄청난 효력이 있는, 참으로 경이로운 것이었습니다. 그래서 그리스도는 자신의 사역을 통해서 하나님을 영광스럽게 해드렸습니다. 이제 하나님은 공의롭게 우리를 하늘에 있는 처소에서 그리스도 안에 있는 신분에 일치시키실 수 있습니다. 이는 그리스도께서 우리가 지은 죄들을 제거하셨을 뿐만 아니라, 우리를 죄에 대하여 죽게 하셨고, 죽음을 통해서 옛 사람의 역사를 끝내셨으며, 신자들을 그리스도와 함께 십자가에 못 박았기 때문입니다. 그리스도는 이러한 사역을 통해서 하나님을 영광스럽게 해드렸고(요 13:31,32, 요 17:4,5),

하나님의 영광 안에서 사람을 위한 자리를 만드셨으며, 그리스도께서 영화롭게 하신 하나님의 본성과 은혜에 일치하면서도 하나님이 우리를 적극적으로 열납하시는 자리(지위, 신분)를 확보하셨습니다. 그것이 바로 **하나님 앞에 있는 우리의 자리**입니다. 이 자리는 우리가 지은 모든 죄들 뿐만 아니라 우리 옛 사람을 하나님 앞에서 완전히 제거한 자리이며, 또한 하나님 앞에서 우리가 그리스도 안에 들어간 자리입니다. 그렇다면 모든 신자는 그리스도와 함께 십자가에 못 박혔으며, 그리스도와 함께 다시 살리심을 받았고, 이제는 그리스도 안에서 하늘에서 앉아 있습니다. 신자는 자신이 차지하고 있던 옛 자리 - 아담의 자리 - 를 떨쳐내었습니다. "만일 너희 속에 하나님의 영이 거하시면 너희가 육신에 있지 아니하고 영에 있나니" (롬 8:9) 이제 신자의 새로운 지위는 그리스도 안이며, 그리스도 안(in Christ)이란 그리스도께서 얻으신 영광을 그대로 누리는 자리입니다. 그렇다면 하나님이 그리스도를 받으시는 것과 동일하게 신자도 받아주십니다. "주께서 그러하심과 같이 우리도 이 세상에서 그러하니라" (요일 4:17)

영적으로 어린 신자들은 이러한 내용들을 이해하기가 쉽지 않습니다. 하지만 분명히 해두어야 할 것은, 이것은 우리가 영적으로 무슨 성취해야 하는 일이 아니라는 것입니다. 이것은 모든 그리스도인에게 속한 복입니다. 만일 우리 눈을 자아에서 돌리고 그리스도를 바라본다면 이내 어려움은 사라질 것입니다. 반대로 만일 우리가 우리 내면을 들여다보고, 우리의 연약함, 실패, 불완전함, 죄들을 생각한다면 실제적으로 매우 불완전한 사람들이 하나님 앞에서 그처럼 완전하고 빼앗길 수 없는 자리를 얻을 수 있는 것인지 믿음을 갖기가 쉽지 않을 것입니다. 하지만 우리가 그리스도를 바라보고, 또 그리스도의 보배로운 피를 바라볼 뿐만 아니라 십자가에서 하나님을 위해 그리스도께서 성취하신 일을 바라본다면, 우리는 즉시 그리스도께서 지금 차지하신 자리야말로 그리스도께 합당하다는 것을 고백하게 될 것입니다. 바로 여기에 총체적인 비밀이 있습니다. 우리가 서있는 자리는 그리스도의 가치에 따라 주어진 것입니다. 옛 본성에 따라 살았던 우리의 총체성은 하나님 앞에서 다 지나갔습니다. 오직 그리스도만 남아 있고, 우리는 그리스도 안에 있습니다. 우리의 자리, 우리의 신분은 하나님의 아들의 가치와 공로에 대한 하나님의 응답인 것입니다. 그러므로 하나님은 공의로서 우리를 피로 보호하시고, 애굽에서 나오게 하시고, 홍해를 건너게 하시고, 요단을 건너게 하시고, 마침내 그리스도 안에서 하늘에 앉게 하셨습니다.

우리의 신분이 그리스도 안에 있기 때문에, 우리의 신분은 변할 수도, 변경될 수도 없습니다. 우리의 구속이 완결되고 완성되었기 때문에, 우리가 죽은 자 가운데서 다시 사신 복된 주님과의 연합이 이루어졌기 때문에, 우리는 영원한 확신과 평안을 누릴 수 있습니다. 우리 자신은 변할 수 있고, 우리의 감정도 변하고 영적 성취의 정도도 변하지만, 그리스도는 결코 변할 수 없습니다. 그리스도는 어제나 오늘이나 영원토록 동일하십니다(히 13:8). 따라서 우리의 신분이 그리스도 안에 있는 한, 우리는 하나님의 빛과 임재 가운데 영원히 거할 수 있습니다. 우리는 이 사실을 자주 잊을 수 있지만, 우리의 목적지는 하나님 앞에 있습니다. 우리가 영원히 거할 곳이 우리의 목적지가 아니라면 어디일까요? 그렇다면 우리가 그리스도 안에 있는 우리의 참된 자리와 신분을 더욱 분명히 이해할수록, 우리는 하나님의 임재와 영광에 더욱 가까운 삶을 살아가게 될 것입니다.

그렇다면 그처럼 경이로운 자리 혹은 신분은 그에 따른 책임이 있습니다. 이제는 책임에 대해서 살펴보겠습니다. 우리가 살펴본 대로, 우리는 하나님 앞에서 그리스도 안에 있습니다. 게다가 참으로 놀라운 사실은, 천상의 그리스도께서 이 땅에서 우리 안에 계시다는 것입니다. (요 15:4, 갈 2:20, 엡 3:17, 골 1:27 등을 읽으시오.) 이러한 사실은 우리의 책임을 정하고, 그 범위를 결정해줍니다. 만일 하나님께서 우리에게 그리스도가 있는 자리를 얻도록 그리스도 안에서 한 자리를 주셨다면, 그것은 우리가 있는 자리에서 그리스도를 나타내기 위한 것입니다. 우리는 성경에서 이 사실을 지지해주는 몇 가지 예들을 찾을 수 있습니다. "그의 안에 산다고 하는 자는 *그가 행하시는 대로 자기도 행할지니라*"(요일 2:6) 이 구절을 우리 자신에게 적용하는 것이 맞다면, "어떻게 주 예수님이 행하신대로 행할 것인가?" 하고 물어야 합니다. 하늘에 속한 자로서 이 땅에서 어떻게 살아야 하는가?에 대한 질문입니다. 주님은 니고데모와의 대화에서 자신을 "하늘에서 내려온 자 곧 하늘에 있는 인자"(요 3:13)로 소개하셨습니다. 이것은 이 땅에서 사셨던 주님의 생애 전체를 일컫는 말입니다. 주님이 이 땅에서 사셨던 삶은 하늘에 속한 삶이었습니다. 즉 아버지에게서 와서, 아버지를 나타내시고, 이 땅에서 하늘의 완전함을 드러내는 삶이었습니다. 그래서 주님은 "나를 본 자는 아버지를 보았거늘"(요 14:9)이라고 말씀하실 수 있었습니다. 왜냐하면 도덕적으로 주님은 아버지를 나타내실 수 있은 완전한 표본이셨기 때문입니다. 마찬가지로 우리도 땅에 속한 자가 아니라 하늘에 속한 자이기에, 하늘에 속한 자로서 이 땅에서 하늘의 방식을 드러내는 삶을 살아야 합니다. 우리는 하늘의 특징을 가진 사람들입니다. 이는 우리가 그리스도와 함께 죽었기 때문입니다. 우리는 그리스도 안에서 죄에 대하여 죽었을 뿐만 아니라, 그리스도와 함께 죽었고 또 그리스도와 함께 다시 살리심을 받았기 때문에, 우리는 이전에 우리가 살고 기동하는 이 세상에서 벗어났습니다. 이제 우리의 시민권, 혹은 우리의 국적(commonwealth)은 하늘에 있습니다(빌 3:20). 따라서 천국에 합당한 삶, 천국의 시민다운 삶을 살아야 합니다. 이러한 책임은 두 가지 측면을 가지고 있습니다. 사도 바울은 이 책임을 이렇게 표현했습니다. "우리가 항상 예수의 죽음을 몸에 짊어짐은 예수의 생명이 또한 우리 몸에 나타나게 하려 함이라 우리 살아 있는 자가 항상 예수를 위하여 죽음에 넘겨짐은 예수의 생명이 또한 우리 죽을 육체에 나타나게 하려 함이니라"(고후 4:10,11) 한 측면은 죽음이고, 다른 측면은 생명입니다. 죽음은 우리가 과거에 육신 가운데서 행했던 모든 것에 대해서 내려졌습니다. 생명은 지금 우리가 그리스도 안에서 행하는 모든 것에 대해서, 우리 생명이신 그리스도를 통해서 우리 죽을 육체에 나타나고 있습니다. 따라서 땅에 있는 우리 지체를 죽이는 것은 우리의 의무에 속한 것이며(골 3:5), 이러한 의무는 우리의 신분이 부활하신 그리스도 안에 있다는 사실로부터 나옵니다. 사도 바울은 "내게 사는 것이 그리스도"(빌 1:21)라고 말하면서, 자신이 이해하고 있었던 책임이 무엇인지를 보여주고 있습니다. 우리도 사도 바울과 동일하게 말할 수 있으려면, 그리스도 안에 있는 우리의 참된 자리에 대한 이해를 깊게 해야 합니다.

우리가 감당해야 하는 또 다른 형태의 책임은 "그러므로 사랑을 받은 자녀같이 너희는 하나님을 본받는 자가 되고 그리스도께서 너희를 사랑하신 것 같이 너희도 사랑 가운데서 행하라 그는 우리를 위하여 자신을 버리사 향기로운 제물과 희생제물로 하나님께 드리셨느니라"(엡 5:1,2)는 구절에 있습니다. 동일한 내용이 사도 요한에 의해서도 강조되고 있습니다. "그가 우리를 위하여 목숨을 버리셨으니 우리가 이로써 사랑을 알고 우리도 형제들을 위하여 목숨을 버리는 것이 마땅하니라"(요일 3:16) 게다가 우리는 요한복음 13장에서 주어진 특별한 모범을 알고 있습니다. 주 예수님은 제자들의 발을 씻기신 후, "옷을 입으시고 다시 앉아 그들에게 이르시되 내가 너희에게 행한 것을 너희가 아느냐 너희가 나를 선생이라 또는 주라 하니 너희 말이 옳도다 내가 그러하다 내가 주와 또는 선생이 되어 너희 발을 씻었으니 너희도 서로 발을 씻어 주는 것이 옳으니라 내가 너희에게 행한 것 같이 너희도 행하게 하려 하여 본을 보였노라"(요 13:12-15)고 말씀하셨습니다. 그렇다면 자기 자신을 우리를 위해 죽기까지 내어주시면서 나타내신 그리스도의 사랑은 하나의 본으로써 우리에게 주어진 것이 분명합니다. 만일 그리스도께서 자기 목숨을 우리를 위해서 내어주셨다면, 우리도 우리 목숨을 형제들을 위해서 내어 주는 것이 마땅합니다. 이것은 최고의 사랑을 표현하는 것입니다. 그렇다면 최고의 사랑을 주는 것, 그것이 바로 우리의 책임입니다.

우리가 인용했던 첫 번째 구절에서 사용한 언어에 주목하시기 바랍니다. 성령님께서 우리에게서 흘러나올 사랑의 특징을 얼마나 조심스럽게 정의했는지를 보시기 바랍니다. 그저 인간적인 친절과 상냥함으로 전락하는 것을 막고자 했습니다. 그래서 "그리스도께서 너희를 사랑하신 것 같이 너희도 사랑 가운데서 행하라 그는 우리를 위하여 *자신을 버리사 향기로운 제물과 희생제물로 하나님께 드리셨느니라*"고 말하고 있습니다. 그렇다면 우리는 최선을 다해서 우리 형제들을 사랑할 책임이 있으며, 이러한 사랑을 베풀 때 우리는 그들을 바라보면서 사랑을 베풀 것이 아니라, 다만 하나님을 바라보면서 사랑을 베풀어야 합니다. 물론 우리의 사랑은 하나님께도 드려져야 합니다. 그렇다면 사랑은 순종의 길에서만 표현될 수 있습니다. "우리가 하나님을 사랑하고 그의 계명들을 지킬 때에 이로써 우리가 하나님의 자녀를 사랑하는 줄을 아느니라"(요일 5:2) 따라서 자신을 희생하신 우리 주님의 희생은 죽기까지 복종하는 것이었습니다(빌 2:8). 주님은 이에 대해 이렇게 말씀하셨습니다. 즉 "나는 버릴 권세도 있고 다시 얻을 권세도 있으니 *이 계명*은 내 아버지에게서 받았노라." (요 10:18) 그렇다면 그리스도께서 우리 영혼의 모범이어야 합니다. 그리스도는, 사랑으로 그리스도의 길을 걷고 또 그리스도께서 우리를 사랑하신 것처럼 서로 사랑하기를 추구하는 일에 우리의 행동 뿐만 아니라 동기의 원천과 근거가 되십니다(요 15:12).

사도 베드로는 우리가 가진 책임의 또 다른 측면을 제시해주고 있는데, 대적 혹은 박해자를 향해 그리스도의 정신으로 행하는 것에 대해 말하고 있습니다. "선을 행함으로 고난을 받고 참으면 이는 하나님 앞에 아름다우니라 이를 위하여 너희가 부르심을 받았으니 그리스도도 너희를 위하여 고난을 받으사 너희에게 본을 끼쳐 그 자취를 따라오게 하려 하셨느니라 그는 죄를 범하지 아니하시고 그 입에 거짓도 없으시며 욕을 당하시되 맞대어 욕하지 아니하시고 고난을 받으시되 위협하지 아니하시고 오직 공의로 심판하시는 이에게 부탁하시며 친히 나무에 달려 그 몸으로 우리 죄를 담당하셨으니 이는 우리로 죄에 대하여 죽고 의에 대하여 살게 하려 하심이라 그가 채찍에 맞음으로 너희는 나음을 얻었나니"(벧전 2:20-24) 어찌하든지 우리가 바라보아야할 대상은 그리스도입니다. 왜냐하면 그리스도는 우리의 생명이시며, 우리의 책임은 그리스도를 살아내는 것이기 때문입니다.

"내가 그리스도와 함께 십자가에 못 박혔나니 그런즉 이제는 내가 사는 것이 아니요 오직 내 안에 그리스도께서 사시는 것이라 이제 내가 육체 가운데 사는 것은 나를 사랑하사 나를 위하여 자기 자신을 버리신 하나님의 아들을 믿는 믿음 안에서 사는 것이라."(갈 2:20)

만일 우리가 이 주제를 또 다른 형태로 다루고 있는 두 개의 다른 본문을 간략하게 정리해보면, 이해를 하는데 상당히 도움이 될 뿐만 아니라 전체 주제를 단순화시킬 수 있습니다. 에베소서 4장 20-32절과 골로새서 3장은 그리스도 안에 있는 우리의 신분을 기초로 해서 매우 실제적인 권면을 풍성하게 제시하고 있습니다. 우리는 골로새서 3장에서 일반적인 특징을 발견합니다. 골로새서 3장의 초반부는 우리가 그리스도와 함께 죽고 함께 살아난 사실을 다루고 있는데, 이 주제는 이미 살펴보았습니다. 그리고 이어지는 내용에는 실제적인 지침을 제시하고 있습니다. 그렇다면 사도 바울은 모든 것의 기초를 놓고 있는 것입니다.

"너희가 서로 거짓말을 하지 말라 옛 사람과 그 행위를 벗어 버리고 새 사람을 입었으니 이는 자기를 창조하신 이의 형상을 따라 지식에까지 새롭게 하심을 입은 자니라 거기에는 헬라인이나 유대인이나 할례파나 무 할례파나 야만인이나 스구디아인이나 종이나 자유인이 차별이 있을 수 없나니 **오직 그리스도는 만유시요 만유 안에 계시니라** 그러므로 너희는 하나님이 택하사 거룩하고 사랑 받는 자처럼 긍휼과 자비와 겸손과 온유와 오래 참음을 옷 입[으라]"(골 3:9-12).

본문의 내용을 상세히 설명하지는 않겠지만, 이러한 권면의 근거는 골로새 성도들이 이미 "옛 사람을 벗어버렸고" 또 "새 사람을 입었다"는 사실에 있음을 알 수 있습니다. 그렇다면 그들은 언제 옛 사람을 벗어버렸을까요? 우리 옛 사람이 십자가에 못 박힌 것은 그리스도의 죽음 안에서 된 것입니다(롬 6:6). 그들은 언제 새 사람을 입었을까요? 그리스도의 부활 안에서 되었습니다(골 2:11-13, 3:1-5). 바로 여기에 우리 책임의 전부가 걸려 있습니다. 만일 내가 은혜를 통하여, 옛 사람을 벗어버렸다면, 나의 책임은 더 이상 옛 사람을 따라 사는 것이 아니라 도리어 땅에 있는 나의 지체를 죽이는 것입니다. 만일 내가 새 사람을 입었다면, 나는 그에 따라 살아야 할 책임 아래 있습니다. 왜냐하면 우리는 그리스도의 죽음과 부활로 말미암아 옛 상태와 과거 아담이 서있던 모든 것에서 벗어나서 전혀 새로운, 즉 그리스도께서 서있는 모든 것으로 들어왔기 때문입니다. 그러므로 영광 중에 계신 그리스도가 나의 새로운 신분의 척도라면, 마찬가지로 그리스도는 나의 책임의 척도가 되십니다. 그리고 이 두 가지는 하나님의 말씀을 보면 항상 연결되어 있습니다. "그런즉 누구든지 그리스도 안에 있으면 새로운 피조물이라"(고후 5:17) 즉 그리스도 안에 있는 사람은 그리스도께서 시작이시며 또한 머리되시는 새로운 피조 세계로 들어왔습니다. 따라서 모든 신자는 자신이 들어온 자리의 특징에 일치하는 삶을 살아야 할 책임이 있습니다.

## 제 11장 주의 재림

 신자가 어둠의 세계에서 나와 하나님의 기이한 빛 가운데로 들어가게 되면, 신자에게는 새로운 소망이 생기게 되는데, 그것은 바로 주 예수님의 재림입니다. 주의 재림은 신약성경 전체의 주제이기도 합니다. 그럼에도 전체 기독교계가 주의 재림에 대한 소망을 잃어왔다는 사실은 우리를 깜짝 놀라게 만듭니다. 이 주제에 대해서 성경이 무어라고 증거하는지 살펴봅시다.

 무엇보다, 우리는 우리 주님이 친히 제자들에게 이 진리를 계속해서 강조하셨다는 것을 볼 수 있습니다. 마태복음에서 이 진리는 계속해서 가르쳐지고 있고, "열처녀의 비유"에서 최고의 절정을 이루고 있습니다(마 25장). 마가복음에서 우리는 "그러므로 깨어 있으라 집 주인이 언제 올는지 혹 저물 때일는지, 밤중일는지, 닭 울 때일는지, 새벽일는지 너희가 알지 못함이라 그가 홀연히 와서 너희의 자는 것을 보지 않도록 하라 깨어 있으라 내가 너희에게 하는 이 말은 모든 사람에게 하는 말이니라"(막 13:35-37)는 권면의 말씀을 볼 수 있습니다. 누가복음에서 우리는 "허리에 띠를 띠고 등불을 켜고 서 있으라 너희는 마치 그 주인이 혼인 집에서 돌아와 문을 두드리면 곧 열어 주려고 기다리는 사람과 같이 되라"(눅 12:35,36)는 말씀과 요한복음에서 우리는 참으로 복되고 친숙한 언어로 "너희는 마음에 근심하지 말라 하나님을 믿으니 또 나를 믿으라 내 아버지 집에 거할 곳이 많도다 그렇지 않으면 너희에게 일렀으리라 내가 너희를 위하여 거처를 예비하러 가노니 가서 너희를 위하여 거처를 예비하면 *내가 다시 와서 너희를 내게로 영접하여 나 있는 곳에 너희도 있게 하리라*"(요 14:1-3)고 말씀하시는 주님의 음성을 들을 수 있습니다.

이 모든 구절들은 주님이 자기 제자들에게 주의 재림을 교훈하시는 몇 가지 방식들에 불과합니다. 우리는 이제 신약성경 가운데 나머지 책들을 살펴보고자 합니다. 그 이유는, 성령님께서 이 진리를 신자들의 유일한 소망으로 계시하신 것은 그리스도의 부활과 승천 이후에 하신 것이기 때문입니다. 사실 이 메시지를 제자들에게 하신 후 얼마 지나지 않아, 주님은 제자들이 보는 앞에서 하늘로 올리어 가셨습니다.

"이 말씀을 마치시고 그들이 보는데 올려져 가시니 구름이 그를 가리어 보이지 않게 하더라 올라가실 때에 제자들이 자세히 하늘을 쳐다보고 있는데 흰 옷 입은 두 사람이 그들 곁에 서서 이르되 갈릴리 사람들아 어찌하여 서서 하늘을 쳐다보느냐 *너희 가운데서 하늘로 올려지신 이 예수는 하늘로 가심을 본 그대로 오시리라 하였느니라.*" (행 1:9-11)

이후에 교회와 또 성도들에게 보낸 서신서들을 살펴보면, 우리는 동일한 주제를 찾아볼 수 있습니다. 데살로니가전서는 서신서들 가운데 시간상 가장 먼저 기록되었습니다. 데살로니가전서에서 사도 바울은 그들의 회심에 대해서 언급하면서 "그들이 우리에 대하여 스스로 말하기를 우리가 어떻게 너희 가운데에 들어갔는지와 너희가 어떻게 우상을 버리고 하나님께로 돌아와서 살아 계시고 참되신 하나님을 섬기는 자와 또 죽은 자들 가운데서 다시 살리신 *그의 아들이 하늘로부터 강림하실 것을 너희가 어떻게 기다리는지를 말하니* 이는 장래의 노하심에서 우리를 건지시는 예수시니라"(살전 1:9,10, 또한 살전 2:19-20, 3:13, 4:13-18도 읽으시오.)고 말했습니다. 데살로니가후서는 동일한 주제를 다루면서, 재림에 대한 거짓된 가르침 때문에 오류에 빠진 성도들을 교정해 주고 있습니다(살후 2:1-6을 보시오). 골로새서는 "우리 생명이신 그리스도께서 나타나실 그 때에 너희도 그와 함께 영광 중에 나타나리라"(골 3:4)고 말함으로써 동일하게 중요한 내용을 전달해주고 있는데, 곧 성도들은 주의 지상재림 이전에 주님을 만나기 위해 공중으로 끌어올려질 것*을 말하고 있습니다. 빌립보서는 이 사실을 "우리의 시민권은 하늘에 있는지라 거기로부터 구원하는 자 곧 주 예수 그리스도를 기다리노니"(빌 3:20)라고 말하고 있고, 또 디도서에서는 "복스러운 소망과 우리의 크신 하나님 구주 예수 그리스도의 영광이 나타나심을 기다리게 하셨으니"(딛 2:13)라고 말하고 있습니다.

성경의 마지막 책인 요한계시록을 살펴보면, 과연 어떨까요? 물론 시작과 끝, 동일한 것을 말하고 있습니다. 아시아에 있는 일곱 교회 가운데 빌라델비아 교회는 주님의 마음에 가장 합한 교회였

---

* 역자주: 주의 재림과 관련해서 성경은 두 가지 용어를 사용하고 있다. 데살로니가전서 4장 16-18절은 교회를 위해서 오시는 공중재림을 말하며, 여기에는 헬라어 파루시아가 사용되었다. 영어성경은 헬라어 파루시아를 the coming of the Lord로 번역했다. 하지만 요한계시록 19장 7-14절은 심판을 집행하기 위해서 오시는 지상재림을 말하며, 여기에는 헬라어 에피파니가 사용되었고, 영어성경은 the appearing of the Lord로 번역했다. 이 둘 사이에는 7년 대환란이 끼어 있으며 대환란 전에 휴거된 교회는 그리스도의 심판대를 거쳐(고전 3:13-15, 고후 5:10) 어린양의 혼인식에 신부가 입을 결혼 예복을 받게 된다(계 19:8). 따라서 주의 재림은 1회, 2 단계로 이루어진다(1 course, 2 steps).

따라서 파루시아/ 공중재림은 교회의 복된 소망이며, 공중재림에 앞서 아무런 징조나 징후가 없으며, 언제라도 일어날 수 있다. 하지만 에피파니/ 지상재림에는 마태복음 24-25장, 요한계시록 6장-19장에 기록된 많은 사건들과 징조들이 따른다. 이 둘을 잘 구분해야 한다.

습니다. 그러한 교회를 향해 주님은 "내가 속히 오리니 네가 가진 것을 굳게 잡아 아무도 네 면류관을 빼앗지 못하게 하라"(계 3:11) 고 말씀하셨습니다. 그리고 주님은 자기 백성들에게 주시는 말씀, 곧 영감 받은 진리를 담고 있는 전체 정경(the whole canon of inspired truth)을 완결하시면서 "이것들을 증언하신 이가 이르시되 내가 진실로 속히 오리라"(계 22:20)고 말씀하셨습니다. 이로써 주님은 우리 마음의 중심에 주의 재림이라고 하는 진리가 깊이 자리 잡기를 바라신 것이 틀림없습니다.

　우리의 태도는 항상 깨어 주 예수님을 기다려야 한다는 것이 사실이듯이, 주님이 공중재림하시는 그 날까지 공중재림의 징조나 사건 등 우리가 관심을 가질만한 일은 아무 것도 없다는 것도 사실입니다. 따라서 주님의 공중재림은 언제라도 일어날 수 있으며, 심지어 독자들이 이 장을 읽고 있는 동안에도 일어날 수 있습니다. 주님은 "호령과 천사장의 소리와 하나님의 나팔 소리로 친히 하늘로부터 강림"하실 것이며, 잠자는 성도들이 일어나고 살아있는 성도들은 변화되어, 둘이 함께 "구름 속으로 끌어 올려 공중에서" 주님을 만나게 될 것입니다(살전 4:15-18 참조). 따라서 사도 바울은 주의 공중재림이라고 하는 사건을 언제라도 일어날 수 있다는 기대감을 가지고 *"우리 살아 남은 자들도* 그들과 함께 구름 속으로 끌어 올려 공중에서 주를 영접하게 하시리니"(살전 4:17) 라고 말했습니다. 그리고 *"우리가 다* 잠 잘 것이 아니요 마지막 나팔에 순식간에 홀연히 다 변화되리니"(고전 15:51)라고 말했습니다. 따라서 자기 심중에 *"(나의) 주인이 더디 오리라"* (마 24:48)고 말하는 사람은 악한 종입니다. 베드로도 우리에게 말세에 조롱하는 사람들이 나타나서 자신의 정욕을 따라 행하며 "주께서 강림하신다는 약속이 어디 있느냐?"(벧후 3:3,4)며 주의 재림을 조소하게 될 것을 말해주고 있습니다.

주의 강림을 기다리며, 바라보며, 기대하는 것은 마땅히 모든 신자의 소망이어야 합니다. 이 장에서 계속 살펴보았듯이, 우리는 하늘에 속한 사람들입니다. 따라서 우리의 소망은 하늘에 있습니다. 우리는 주 예수님을 기다립니다. 왜냐하면 주님이 친히 그렇게 하도록 말씀하셨기 때문입니다. 게다가 주님은 주의 강림이야말로 우리가 받은 구속(救贖)의 완성이 되는 것으로 말씀하기를 기뻐하셨습니다. 그 날 우리는 주님과 같이 될 것이며(요일 3:2), 우리는 도덕적으로 뿐만 아니라 육체적으로도 주님과 같은 몸을 입게 될 것입니다(빌 3:21). 우리가 혹 주님이 다시 오시기 전에 죽어 한 줌 흙이 되어도, 주님은 우리를 죽은 자들 가운데서 다시 살리시고, 주님의 몸과 같은 부활의 몸을 주실 것입니다. 우리가 혹 이 땅에서 살아있는 동안 주님이 오신다면, 우리는 마지막 나팔이 울릴 때, 일순간, 눈 깜짝하는 동안에 변화될 것입니다. 그때 죽은 자들이 썩지 아니할 것으로 다시 살아나고 우리도 변화될 것입니다(고전 15:51,52). 그렇다면 우리는 영광 중에 계신 주님과의 영원한 연합 속으로 들어갈 뿐만 아니라 또한 항상 주님과 함께 있을 것입니다(살전 4:17).

이 재림의 소망이 영혼에 미치는 효력은 참으로 복스럽습니다. 이제 우리 삶에 나타나야 하는 실제적 능력에 대한 몇 가지 사례를 제시하고자 합니다. 우리가 그리스도를 향한 지속적인 기대를 가지고 있는가 여부는 우리의 영적인 상태를 시험하는 중요한 척도가 됩니다. 이것은 열처녀의 비유가 우리에게 주는 교훈 가운데 하나이기도 합니다(마 25:1-13). 열처녀 모두 신앙을 고백했습니다. 하지만 근본적인 차이가 있었습니다. 다섯 처녀는 슬기로웠고, 다른 다섯 처녀는 어리석었습니다. 모두가 등을 가지고 있었고, 모두가 신랑을 맞으러 나갔습니다. 그러므로 외적으로는 아무 차이가 없었습니다. 이 비유를 통해서 우리가 발견할 수 있는 것은, 그 둘 사이의 근본적인 차이는 "보라 신랑이로다 맞으러 나오라"는 소리가 울릴 때까지는 알 수 없다는 것입니다. 그들이 졸며 자는데서 깨어나, 자신의 등불을 점검하게 된 것은 신랑의 오고 있다는 전망에서, 또 신랑을 만나기 위해서 준비하는 차원에서 시작된 것입니다. 다섯 처녀가 자신들이 들고 있는 등의 기름이 부족하다는 것을 발견하게 된 것은 비로소 자신들의 등의 심지에 불을 붙였을 때였습니다. 바로 그 순간까지 그들은 모든 것이 다 잘되고 있다고 생각했습니다. 그들은 신앙을 고백한 사람들이었고, 최소한 외적으론 주의 백성들처럼 행동했습니다. 하지만 이제 머지않아 주님을 만나게 될 그 시점에서, 그들은 자신에게 기름이 없고, 거듭난 적도 없으며, 자신들이 하나님의 자녀라는 것을 자기 영과 더불어 증언해주실 내주하는 성령도 없고, 그들은 다만 헛되이 입술로만 신앙을 고백했을 뿐 아무 것도 아니라는 것을 알게 된 것입니다. 그래서 그들은 신랑을 만날 수 없었습니다. 그들은 이제야 정신을 차리고 기름을 얻고자 애쓰고 있습니다. 하지만 그들의 노력은 물거품처럼 사라질 뿐입니다. 너무 늦었습니다. 그렇게 미리 준비했던 사람은 신랑과 함께 혼인잔치에 들어갔습니다. "문은 닫힌지라"(마 25:10) 용감무쌍하게도 남은 처녀들은 닫힌 문 앞에 와서, 그곳에 서서 간청하는 목소리를 높이며 "주여 주여 우리에게 열어 주소서."라고 말합니다. 하지만 주님은 "진실로 너희에게 이르노니 내가 너희를 알지 못하노라."(마 25:11,12)고 대답했습니다. 그리고 이 비유를 통해서 주님이 친히 결론을 내린 엄중한 교훈은 "그런즉 깨어 있으라 너희는 그 날과 그 때를 알지 못하느니라"(마 25:13)는 것이었습니다. 이 비유에서 어리석은 처녀들에게 일어난 일은, 만일 우리가 신앙고백의 등불만을 가지고 정작 기름을 준비하지 않았다면, 만일 우리가 그리스도인이라는 이름만을 가지고 있을 뿐 거듭난 일이 없다면, 그래서 양자의 영을 받은 일이 없다면, 독자 가운데 누군가에게도 일어날 수 있습니다.

그리스도의 재림을 기대하는 마음은 신앙고백자의 참 상태를 보여줄 뿐만 아니라, 슬기로운 처녀들의 상태를 말해줍니다. 물론 슬기로운 처녀들도 어리석은 처녀들과 마찬가지로 졸며 잠을 잤습니다. "보라 신랑이로다." 라는 소리가 그들을 깨웠고, 자신들의 등불을 점검하게 했으며, 그리고 나서 그들은 나가서 신랑을 만났습니다. 그렇게 준비된 사람은 신랑과 함께 결혼잔치에 들어갔습니다(마 25:10). 사실 신자들이 주님의 오심을 항상 기대하고 있다면 잠에 빠지는 일은 불가능합니다. 영으로 그들은 이미 주님의 임재 가운데 들어가며, 또한 그들의 상태와 서로간의 연대는 끊임없이 나타날 것이기 때문입니다. 우리는 이 비유를 통해서, 주님을 만나는데 필요한 준비사항으로서 네 가지 요소를 볼 수 있습니다. 첫째, 가장 근본적인 것으로서 기름입니다. 둘째, 등불을 점검함으로써 계속해서 타도록 해야 합니다. 셋째, 분리입니다. 그들은 어리석은 처녀들에게서 자신을 분리해서 신랑을 만나러 나갔습니다. 그리고 마지막 넷째, 깨어 경성하는 것입니다. 왜냐하면 그들의 실패는 졸며 잔데 있기 때문입니다. 주님이 언제라도 오실 수 있을 것으로 기대한다면, 신자들은 주님 앞에 부끄러울 것이 없는 자로 설 수 있도록 이 네 가지 요소들로 자신을 점검할 것입니다.

주님의 재림은 또한 봉사를 하는데 있어서도 충성스럽게 하도록 해주는 자극제가 됩니다. 열므나의 비유(눅 19:12-17)를 보면, 어떤 귀인이 열 명의 종들에게 책임을 맡기고 "내가 돌아올 때까지 장사하라"(눅 19:13)는 명령을 내렸습니다. 이미 언급했지만 악한 종은 "생각하지 않은 날 알지 못하는 시간에 그 종의 주인이 이르러 엄히 때리고 외식하는 자가 받는 벌에 처하게 될 것입니다.]"(마 24:50,51) 따라서 그리스도의 재림은 충성에 대해서 이중적인 동기를 제공해줍니다. 즉 신실한 종들에겐 격려를, 게으른 종들에겐 경고를 주고 있습니다. 신실한 종들은 기쁨으로 기다리면서 "나의 주님이 곧 오실 거야. 그렇다면 주님이 오실 때까지는 나는 좀 더 부지런해야 해." 반면 게으른 종들은 이 모든 것을 생각해본 후, "나의 주님이 오셨을 때, 나를 게으르고 충성치 못한 종으로 보시면 어떡하지?"라고 대꾸하는 것으로 그치고 말 것입니다. 그렇다면 우리가 더욱 그리스도의 다시 오심을 사모하면서 살아갈수록, 우리는 주님이 그 날에 우리가 섬긴 삶을 계산하게 될 것을 알게 되고, 따라서 우리는 더욱 주님을 섬길 필요를 보게 될 것입니다.

그리스도의 재림에 대한 전망은 우리 마음과 삶에 성화의 능력을 촉진시켜줍니다. 사도 요한은 "사랑하는 자들아 우리가 지금은 하나님의 자녀라 장래에 어떻게 될지는 아직 나타나지 아니하였으나 그가 나타나시면 우리가 그와 같을 줄을 아는 것은 그의 참 모습 그대로 볼 것이기 때문이니 주를 향하여 이 소망을 가진 자마다 그의 깨끗하심과 같이 자기를 깨끗하게 하느니라"(요일 3:2,3)고 말했습니다. 주의 재림을 항상 소망한다면, 주의 임재에 합당치 못한 모든 것들에서 자신을 거룩히 구별하지 못할 이유가 없습니다. 그리스도께서 언제라도 오실 수 있으며, 또한 이러한 기대감으로 살아간다면, 우리는 주님이 기뻐하실 수 없는 행동, 태도, 습관, 삶, 행실 등 이 모든 것에서 자연스럽게 멀리하고자 할 것입니다. 그렇습니다. 우리는 우리 안팎에 있는 모든 것을 주님의 임재의 빛 가운데서 판단해볼 것입니다. 우리는 이미 영으로 주님과 함께 있기 때문에, 우리 영혼은 영광 가운데 계신 주님과 항상 함께 하고 있기 때문에, 주께서 깨끗하심과 같이 우리 자신을 깨끗하게 할 것입니다.

이상의 내용들은 그리스도의 재림에 대한 생생한 소망이 가지고 있는 실제적인 효과들 가운데서 일부에 지나지 않습니다. 만일 성경을 좀 더 자세히 들여다보면, 그리스도의 재림은 항상 신자의 마음과 삶에 직접적으로 연결되어 있는 것을 볼 수 있습니다. 교리적 특징을 살펴보는 것은 지금까지 만으로 충분하다는 생각이 듭니다. 다만 신자들이 이처럼 복된 진리를 모른 채 신앙생활을 한다는 것 자체가 슬픈 비극인 것입니다. 만일 그리스도의 십자가를 구원의 기초석이라고 할 것 같으면, 그리스도의 재림은 구원의 완결이라고 할 수 있습니다. 그렇다면 이미 살펴본 것처럼 그 날에 신자의 몸은 주와 같은 영광의 몸으로 변화될 것입니다. 물론 신자는 이처럼 복된 소망을 빼앗길 수도 있습니다. 하지만 성령에 의해서 이 소망이 선명해질수록, 이 복된 소망은 낙심 중에 있는 신자를 붙들어줄 것이며, 시련 가운데 있는 신자를 위로해주고, 가족을 잃은 상심한 마음을 위로해주고, 영적 싸움 중에 있는 신자에게 용기를 북돋우어주며, 주를 향해 열심을 내도록 자극해주며, 감정과 정서를 고양시켜 줌으로써 신자로 하여금 실제적인 성화를 위한 삶을 살도록 강력하게 촉진시켜 줄 것입니다. 그렇다면 사탄이 신자의 마음에서 재림의 진리를 희미하게 하는 일에 열심을 내고 있는 것은 이상한 일이 아닙니다. 게다가 그토록 많은 신자들이 사탄의 올무에 빠지는 것은 참으로 이해하기가 어렵습니다. 하지만 우리의 복된 주님은 주의 재림과 주님 자신의 죽음을 기억하는 주의 만찬을 밀접하게 연결시키셨습니다. 따라서 우리는 주의 재림을 항상 사모해야 할 뿐만 아니라, 특별히 주의 만찬에 참여할 때마다 주의 오심을 소망하는 것이 마땅합니다.

"너희가 이 떡을 먹으며 이 잔을 마실 때마다 주의 죽으심을 그가 *오실 때까지* 전하는 것이니라" (고전 11:26)

# 제 12장 심판

심판의 주제는 불신자들 뿐만 아니라 신자들의 마음에도 많은 혼동이 있습니다. 일반적으로 세상 끝에 심판이 있으며, 구원받은 사람이나 구원받지 않은 사람이나, 모두 함께 하나님 앞에 서게 되고, 자신들의 행위에 따라서 심판을 받는 것으로 생각하고 있습니다. 그래서 사람들은 우리가 구원받았는지 여부를 그때까지는 알 수 없다고 주장합니다. 그러므로 이 주제에 대해서 성경은 무어라고 말하는지 살펴볼 것을 제안합니다.

1. 성경은 확실하게 **신자는 결코 심판받지 않는다**고 말하고 있

습니다. 신자는 결코 죄 문제로 심판대에 서지 않습니다. 우리 주님은 이 주제를 매우 선명하게 가르치셨습니다. 주님은 "내가 진실로 진실로 너희에게 이르노니 내 말을 듣고 또 나 보내신 이를 믿는 자는 영생을 얻었고 심판에 이르지 아니하나니 사망에서 생명으로 옮겼느니라"(요 5:24)고 말씀하셨습니다. 여기서 심판이란 말은 정죄라는 말과 같은 의미를 가지고 있으며, 같은 단어가 22,27,29절에도 사용되었습니다. 그렇다면 우리는 이 구절을 통해서 신자는 결코 정죄 받지 않을 뿐만 아니라 심판받지도 않는다는 것을 확실히 알 수 있습니다. 사실, 그 이유는 영생을 소유한 결과입니다. 만일 하나님 앞에서 우리의 상태가, 즉 심판의 문제가 해결되지 않은 채 남아 있다면, 어찌 우리가 영생을 소유한 사람이 될 수 있었을까요? 게다가 이 구절은 우리는 지금 영생을 소유하고 있다고 말하고 있습니다. "내 말을 듣고 또 나 보내신 이를 믿는 자는 영생을 얻었고" 즉 신자는 장차 영생을 얻을 것이라는 의미가 아니라 지금 영생을 소유하고 있습니다. 요한복음 3장 36절, 6장 47절, 요한일서 5장 13절을 읽으십시오.

이 진리는, 하나님께서 유월절의 그 밤에 처음 난 것들을 치실 때, 이스라엘 민족과 애굽 사람들을 구분하신 것에서 모형적으로 나타나 있습니다. 우리가 살펴본 대로, 이스라엘은 어린양의 피 덕분에 멸망시키는 천사의 권세에서 완전한 보호를 받았습니다. 마찬가지로 신자는 그리스도의 피 덕분에, 죄에 대한 심판으로부터 안전합니다. 이는 그리스도께서 신자를 대신해서 심판을 받아 십자가에서 죽으셨기 때문에, 신자는 '그리스도께서 친히 나무에 달려 그 몸으로 나의 죄를 담당하셨다' (벧전 2:24)고 말할 수 있습니다.

"그렇습니다. 나의 과거의 죄는 사함을 받았습니다." 라고 독자는 말할 지도 모르겠습니다. 하지만 성경의 대답은 다릅니다. 우리는 성경을 따라서 이렇게 담대히 말할 수 있습니다. "당신의 과거의 죄들만이 사함을 받은 것이 아닙니다. 당신이 신자라면 당신의 모든 죄가 사함을 받았습니다. 구주께서 십자가에 달려 죽으실 때까지 지은 죄들만 용서를 받은 것이 아니라, 그리스도는 신자들의 모든 죄짐을 대신지셨고, 그 모든 죄에 대한 형벌과 심판을 받으셨습니다. 그래서 당신의 총체적인 죄문제가 영원히 해결된 것입니다. 아 참으로 복스런 진실입니다!"

"만일 주께서 나의 모든 죄책을 대신지시고
내 자리에서 대신 형벌을 받으셨다면
하나님의 심판은 이루어졌고,
두 번 다시 요구할 일 없도다.
나를 위해 피를 흘리신 구세주의 손에서 죄 값을 받으셨으니
죄 값은 치러졌고, 내게서 받은 것으로 여겨주신다."

따라서 우리는 그리스도와 함께 죽었을 뿐만 아니라 또한 그리스도와 함께 살아났습니다(엡 2장, 골 3장). 따라서 우리는 그리스도의 죽음을 통해서 심판에서 벗어났기에, 다른 쪽, 즉 부활의 자리에 서있습니다. 이제는 완전한 확신을 가지고 "누가 능히 하나님께서 택하신 자들을 고발하리요 의롭다 하신 이는 하나님이시니 누가 정죄하리요 죽으실 뿐 아니라 다시 살아나신 이는 그리스도 예수시니 그는 하나님 우편에 계신 자요 우리를 위하여 간구하시는 자시니라"(롬 8:33,34)고 말할 수 있습니다.

2. 비록 신자는 죄 문제로 심판을 받지 않지만, **모두가 다 그리스도의 심판대 앞에 서야 합니다.** 사도 바울은 이렇게 말합니다. "우리가 담대하여 원하는 바는 차라리 몸을 떠나 주와 함께 있는 그것이라 그런즉 우리는 몸으로 있든지 떠나든지 주를 기쁘시게 하는 자가 되기를 [주님이 받으시는 일을 하기를] 힘쓰노라 [이것이 우리의 간절한 바램입니다.] 이는 **우리가 다 반드시 그리스도의 심판대 앞에 나타나게 되어** 각각 선악간에 [그것이 선한 일이든 악한 일이든] 그 몸으로 행한 것을 따라 받으려 함이라"(고후 5:8-10) "우리가 다"라는 구절만큼 이 진리를 확고히 드러내주는 말은 없을 것입니다. 따라서 신자라면 모두가 다 반드시 그리스도의 심판대 앞에 서게 될 것입니다. 그렇다면 우리는 두 가지 질문을 해볼 수 있습니다. 첫째, 이 일은 언제 신자에게 일어나는 것인가? 둘째, 그리스도의 심판대 앞에 서야만 하는 이유는 무엇인가?

(a) 신자들은 **언제 그리스도의 심판대 앞에 서는 것**일까요? 신자의 복된 소망은 그리스도의 공중재림이라는 것을 앞의 장에서 살펴보았습니다. 그리스도의 재림의 날에 그리스도 안에서 죽은 사람들이 다시 살아나고, 살아 있는 사람은 변화를 받게 되어 둘 다 구름 속으로 끌어 올려 짐으로써 공중에서 주님을 만나게 될 것입니다(살전 4:16-18). 이 일은 신자들에게만 일어나는 일로써, 요한복음에서 주님이 말씀하신 "생명의 부활"을 가리킵니다. 주님은 "무덤 속에 있는 자가 다 그의 음성을 들을 때가 오나니 선한 일을 행한 자는 생명의 부활로, 악한 일을 행한 자는 심판(정죄)의 부활로 나오리라"(요 5:28,29)고 말씀하셨습니다. 24절에서 주님은 주의 말씀을 듣고, 또 주를 보내신 하나님을 믿는 모든 사람은 영생을 가지고 있다고 선언하셨습니다. 그리고 영생을 가진 사람은 심판에 이르지 않을 것이며, 이미 사망에서 생명으로 옮겨졌다고 선언하셨습니다. 그리고 나서 "진실로 진실로 너희에게 이르노니 죽은 자들이 하나님의 아들의 음성을 들을 때가 오나니 곧 이 때라 듣는 자는 살아나리라"고 말씀하셨습니다. 그리고 이러한 확신을 가질 수 있는 근거에 대해서 "아버지께서 자기 속에 생명이 있음 같이 아들에게도 생명을 주어 그 속에 있게 하셨고 또 인자 됨으로 말미암아 심판하는 권한을 주셨느니라."(요 5:25-27)고 말씀하셨습니다. 그리고 나서 "이를 놀랍게 여기지 말라 … 때가 오나니"(28절)라고 말씀하신 것입니다.

여기서 대조를 이루고 있는 두 가지는 생명과 심판입니다. 게다가 그리스도는 생명의 근원이실 뿐만 아니라 심판의 주체이십니다. 하나님의 아들로서 그리스도는 생명을 주시며, 인자로서 그리스도는 심판을 행사하는 권세를 받으셨습니다. 따라서 그리스도께서는 지금이라고 하는 이 시간 생명을 주십니다. 그리고 장차 오는 시간 심판을 집행하실 것입니다. 지금 "이 때"라는 시간은 이 말씀을 하신 때로부터 계속 진행되고 있으며, 마침내 이 세대의 끝까지 지속될 것입니다. 따라서 25절에서 언급한 죽은 자들은 영적으로 죽은 자들을 가리킵니다. 따라서 우리는 생명의 복음을 통해서 영적으로 죽은 자들이 생명을 얻어 다시 살아나는 초자연적인 역사를 가리키는 "**듣는 자는 살아나리라**"는 말씀을 볼 수 있습니다. 이는 지금 복음을 통해서 하나님의 아들의 음성을 듣는 사람만이 사망에서 생명으로 옮겨지기 때문입니다. 하지만 28절 "**무덤 속에 있는 자가 다 그의 음성을 들을 때가 오나니**"에서 언급하고 있는 장차 오는 시간은 미래적인 시간입니다. 25절에서 언급하고 있는 시간과 28절에서 언급하고 있는 시간 사이에는 하나의 기간 또는 하나의 세대가 끼어 있기에, 동시에 일어나는 사건일 수가 없습니다. 우리는 다른 성경구절들을 통해서(고전 15:23, 살전 4:15-18, 계 20:4-6), 생명의 부활은 주의 재림의 때에 일어나는 것임을 알고 있습니다. 하지만 심판의 부활은 천년왕국이 끝날 때까지 일어나지 않을 것이며, 지상에 속한 세대가 끝나고 영원한 상태로 들어가기 전, 예비적인 절차로서 심판의 부활이 있을 것입니다. 이 본문을 통해서 우리가 배울 수 있는 것은, 하나님의 아들의 음성을 듣고 또 그를 보내신 하나님을 믿음으로써 영생을 받은 사람의 생명의 부활은 심판의 부활과는 전적으로 다른 것이라는 사실입니다. 다시 말해서 신자는 심판의 부활에 참여하지 않으며, 또한 악한 자와 함께 심판대에 서지도 않을 것입니다. 여기에는 우리가 현재 다루고 있는 주제에는 다소 벗어난 것일 수 있지만, 그럼에도 엄중한 교훈이 있습니다. 영생을 얻기 위하여 자신을 심판하고 지금 그리스도 앞에 엎드리지 않는 사람일지라도 머지않아 그리스도께서 인자로서 모든 사람을 그들의 행위를 따라서 심판을 집행하실 때에는 모든 사람이 하나님의 아들을 존경하게 될 것이란 사실입니다. 지금 하나님의 아들께서는 은혜로 일하십니다. 하지만 그 날에는 공의로써 심판을 베푸실 것입니다.

신자들은 결코 심판의 부활에 참여하지 않을 것임을 충분히 살펴보았기에, 이제 우리는 언제 그리스도의 심판대 앞에 서게 될 것인가에 대해서 살펴보겠습니다. 그에 대한 대답도 많은 성경구절들을 통해서 확인해볼 수 있습니다. 바로 그리스도의 공중 재림의 때이며, 결과적으로는 첫째 부활이 일어난 직후가 될 것입니다. 이것은 마태복음 25장 14-30절과 누가복음 19장 12-27절 등에서 다루고 있는 비유의 가르침을 통해서 확인해볼 수 있습니다. 마태복음에서는 "오랜 후에 그 종들의 주인이 돌아와 그들과 결산할새"(마 25:19)라는 구절을 보게 되며, 누가복음에서는 떠날 때

책임을 맡기며 "내가 돌아올 때까지 장사하라"(눅 19:13)는 구절을 보게 됩니다. 이 두 구절의 말씀은 제자들에게 하신 것으로, 종들로서 책임을 지우심으로써 그리스도의 재림을 종들이 바라보아야 하는 목적으로 삼도록 하신 것입니다. 마찬가지로 서신서들에서도 이 주제를 다루고 있습니다. 예를 들자면, 고린도전서 1:7,8, 데살로니가전서 1:9,10, 3:12,13, 데살로니가후서 1장, 디모데전서 6:13-16, 디도서 2:11-14 등이 있습니다.

(b) 이제 두 번째 질문에 대한 답변을 살펴보겠습니다. **신자들이 그리스도의 심판대에 서야 하는 이유는 무엇인가?** 에 대한 것입니다. 우리는 그리스도의 심판대가 죄에 대한 심판을 하기 위한 자리가 아님을 이미 살펴보았습니다. 왜냐하면 영생을 소유하고 있기 때문에, 죄에 대한 형벌과 심판은 이미 구속주의 죽으심을 통해서 이미 집행되었기 때문입니다. 그렇다면 그리스도의 심판대는 "그 몸으로 행한 것을 따라 받는I"(고후 5:10) 자리입니다. 따라서 그리스도의 심판대는 신자에게만 해당하는 것으로, 신자의 행위 혹은 봉사에 대한 심판이 행해지는 자리인 것입니다. 그렇다면 이 진리는 우리 마음과 양심에 아무리 강조해도 지나치지 않을 것입니다. 이 진리는 우리가 반드시 그리스도의 심판대 앞에 서게 될 것을 기억하면서 충성과 열심을 내도록 우리를 자극하고 도전해주기 때문입니다. 하지만 그리스도의 심판대에 서기 이전에 우리는 이미 부활하였고 영적으로 뿐만 아니라 육체적으로도

우리 주님과 같이 변화되었다(빌 3:30,21, 요일 3:2)는 사실을 잊어서는 안됩니다. 주님이 우리의 행위들을 심판하시는 중에도 우리는 주님과 완전한 사귐을 가질 것입니다. 그럼에도 여전히 매우 엄중하게 생각해야 할 것은, 우리가 지금 여러 가지 이유를 대면서 변명을 일삼으며 혹은 자신을 판단하지 않고 있다면 그 모든 것들에 대해서, 그 때에는 우리가 영원토록 섬길 주님이 합당치 못한 것으로 정죄하시는 일을 감수해야 한다는 것입니다. (세상의 모형인) 애굽의 수치는 판단을 받고 또 떠나보내야 합니다. 하나님은 무한한 자비와 은혜로서 육신의 행실들을 정죄하고 죽음의 자리에 넣으셨고, 이제는 내주하는 성령을 통하여 우리로 은혜에 머물 수 있는 능력을 주셨습니다. 따라서 지속적이고 성실한 자기 판단을 통해서 우리는 지금이라도 영으로써 그리스도의 심판대 앞에 선 것처럼 자신을 판단해볼 수 있습니다. 우리가 이 일을 성실하게 하기만 한다면, "평강의 하나님이 친히 너희를 온전히 거룩하게 하시고 너희의 온 영과 혼과 몸이 우리 주 예수 그리스도 강림하실 때에 흠없게 보전"(살전 5:23)될 것입니다.

**3. 악한 자들의 최종적인 심판은 천년왕국의 끝에 가서 이루어질 것입니다.** 땅은 과거에도 그랬지만, 미래에도 살아 있는 자들의 심판의 장소가 될 것입니다. 그래서 "인자가 자기 영광으로 모든 천사와 함께 올 때에 자기 영광의 보좌에 앉으리니 모든 민족을 그 앞에 모으고"(마 25:31, 32) 심판을 행하실 것입니다. 이 심

판은 종종 백보좌 심판과 혼동을 일으켜왔습니다. 하지만 두 심판은 전적으로 다른 심판입니다. 마태복음에서 말하는 심판은, 민족에 대한 심판으로서, 인자가 영광 중에 오실 때, 즉 지상 강림의 때에 살아있는 민족들에게 베푸는 심판입니다. 그래서 이 심판은 그리스도께서 온 땅을 통치하기 이전에 예비적인 절차로서 악한 자들과 악을 행한 모든 것들을 뿌리 뽑는 심판인 것입니다. 하지만 최종적인 심판, 죽은 모든 사람들이 다 살아나서 받게 될 심판은 요한계시록에 기록되어 있습니다.

"또 내가 크고 흰 보좌와 그 위에 앉으신 이를 보니 땅과 하늘이 그 앞에서 피하여 간 데 없더라 또 내가 보니 죽은 자들이 큰 자나 작은 자나 그 보좌 앞에 서 있는데 책들이 펴 있고 또 다른 책이 펴졌으니 곧 생명책이라 죽은 자들이 자기 행위를 따라 책들에 기록된 대로 심판을 받으니 바다가 그 가운데에서 죽은 자들을 내주고 또 사망과 음부도 그 가운데에서 죽은 자들을 내주매 각 사람이 자기의 행위대로 심판을 받고 사망과 음부도 불못에 던져지니 이것은 둘째 사망 곧 불못이라 누구든지 생명책에 기록되지 못한 자는 불못에 던져지리라" (계 20:11-15)

이 심판은 요한복음에서 우리 주님이 말씀하신 "심판의 부활"을 가리키며, 여기에는 모든 구원받지 못한 사람들이 서게 될 것입니다. 즉 이 심판은 구원받지 못한 사람들만 받는 심판인 것입니다. 여기서 생명의 책이 언급되어 있는 것은, 성도는 한 사람도

이 심판을 받지 않는다는 것을 보여줍니다. 생명의 책이 펼쳐진 것은 거기에 이름이 기록된 사람은 심판받지 않는다는 것을 보여주기 위한 것입니다. 따라서 이 백보좌 심판대에 선 사람들은 이 면으로 저면으로 정죄를 받은 사람들인 것입니다. 그들의 이름은 생명책에 기록되어 있지 않으며, 그들의 행위는 공의로운 심판에 따라 심판받아 마땅함을 보여주고 있습니다. 따라서 그들은 아무런 소망도 없는 곳, 영원한 지옥 불못에 들어가게 될 것입니다. 이것이 바로 둘째 사망이며, 그 때에는 후회해도 소용이 없고, 한번 들어가면 빠져나올 수도 없습니다.

혹 독자 가운데 아직 구원받지 못한 사람이 있습니까? 그렇다면 이 백보좌 심판대의 엄숙한 장면을 생각해보시길 간청합니다. 크고 흰 보좌에 심판장으로 앉아 계신 분은, 하나님의 우편에 영광 중에 앉아계신 참으로 찬송을 받으실 분이시며, 구주로서 당신에게 이미 소개되신 분이십니다. 그분에 대해서 하나님은 "하늘에 있는 자들과 땅에 있는 자들과 땅 아래 있는 자들로 모든 무릎을 예수의 이름에 꿇게 하시고 모든 입으로 예수 그리스도를 주라 시인하여 하나님 아버지께 영광을 돌리게 하셨습니다.]" (빌 2:10,11) 어느 누구도 이 심판을 피할 수 없습니다. 그렇다면 당신의 운명을, 그것도 영원을 가를만한 문제는 지금은 은혜 받을 만한 때요 구원의 날인 지금, 당신이 그분의 이름에 무릎을 꿇고 주님으로 시인하는 것입니다. 그렇지 않다면, 그 날에 크고 흰 보좌에 앉아 계신 심판장이신 그분 앞에 무릎을 꿇고 어쩔 수 없이 주라 시인하게 될 것입니다. 지금 죄인의 자리에서 자신을 판단해보고, 구주 예수님 앞에 무릎을 꿇고, 세상 죄를 지고 가는 하나님의 어린 양이신 구주를 바라보십시오. 그렇다면 당신은 심판에 이르지 않을 것이며, 믿음으로 바라보는 지금 사망에서 생명으로 옮겨질 것입니다. 그분을 구주로서 믿기를 거절한다면, 그분을 믿는 모든 사람에게 영생을 약속하신 하나님의 은혜를 거절한다면, 당신은 결국 심판의 권세를 집행하시는 그분 앞에 꿇어 엎드려, 그분을 주라 시인하여 하나님 아버지께 영광을 돌리게 될 것입니다. 이 얼마나 엄중한 갈림길인지요! 이 사실을 읽고 묵상하는 지금 이 순간에도, 주님은 당신을 생각하시며 잃어버린 죄인으로서 주의 발 아래 나아오길 기다리십니다. 자신의 생명을 아끼지 아니하고 십자가에 내어주신 주님, 그리고 다시 살아나셔서 하나님 보좌 우편에 앉아계신 주님은, 당신이 그분을 당신의 구주로 알고 영접하기를 바라시며, 장차 백보좌 심판대 앞에 서지 않고 다만 구주의 재림을 소망하며 살아가는 행복한 사람들 가운데 한 사람으로 서기를 기대하십니다. 아멘.

E. Dennett

## 저자 소개

에드워드 데넷(Edward Dennett, 1831-1914)

에드워드 데넷은 1831년 뱀브릿지에 소재하고 있는 와잇 섬에서 출생했다. 그의 가족은 모두 영국 국교회 신자였다. 에드워드는 한 경건한 성직자의 도움으로 어려서 회심을 경험했다. 에드워드는 국가 교회에 대한 비성서적인 입장을 깨닫고 영국 국교회를 떠나 비국교도들이 설립한 런던 대학교를 졸업했으며 그 후 그린

위치에 소재한 침례교회에서 목사가 되었다.

1873년 에드워드는 자신의 교구민 가운데 한 환자를 심방한 후 심각한 병에 걸려 1년 동안 해외에서 요양을 해야 했다. 그는 스위스 비토에서 요양차 겨울을 보내는 중, 같은 펜션에 머물고 있는 '브레들린'으로 알려진 사람들과 교제를 나누게 되었고 그간 마음에 모호했던 진리들이 명확하게 밝아지는 체험을 하게 되었다. 그는 형제들과 깊이 있는 사귐과 교제를 나누었다.

자신의 사역지로 돌아가자마자 자신의 입장을 밝힌 후, 목사직을 사임했다. 그리고 처음으로 오직 주님의 이름으로만(unto His name) 모이는 사람들과 함께 주의 상에 앉아 떡을 떼었다(breaking bread).

에드워드 데넷은 성경의 진리를 탁월하게 표현할 수 있는 은사를 받은 저자였다. 그가 쓴 책들은 영국, 아일랜드, 스코틀랜드, 노르웨이, 스웨덴, 미국에까지 전해졌고, 노르웨이, 스웨덴, 미국 등에서 자주 초청을 받았다. 그가 쓴 책 가운데 「회복된 진리」〈근간〉는 근본주의 신앙의 토대를 놓는 가장 탁월한 책으로 평가를 받고 있다. 그는 높은 수준의 목양과 가르치는 은사를 가지고 섬기다가, 1914년 런던 동부, 크로이돈에서 주님의 부르심을 받았다.

## 형제들의 집 도서 안내

1. 조지 뮐러 영성의 비밀
 조지 뮐러 지음/이종수 옮김/값 1,000원
2. 수백만을 감동시킨 사람을 감동시킨 바로 그 사람: 헨리 무어하우스
 존 A. 비올리 지음/이종수 옮김/값 1,000원
3. 내 영혼의 만족의 노래
 W.T.P 윌스톤 지음/이종수 옮김/값 1,000원
4. 모든 일을 하나님의 영광을 위하여 하라
 해리 아이언사이드 지음/이종수 옮김/값 1,000원
5. 잃어버린 영혼을 위해서 어떻게 기도해야 하는가
 오스왈드 샌더스, 찰스 스펄전 지음/이종수 옮김/값 1,000원
6. 윌리암 켈리의 로마서 복음의 진수
 윌리암 켈리 지음/이종수 옮김/값 5,000원
7. 이것이 거듭남이다[개정판]
 알프레드 깁스 지음/이종수 옮김/값 9,000원
8. 존 넬슨 다비의 영성있는 복음
 존 넬슨 다비 지음/이종수 옮김/값 5,000원
9. 로버트 클리버 채프만의 사랑의 영성
 로버트 C. 채프만 지음/이종수 옮김/값 5,000원
10. 영성을 깊게 하는 레위기 묵상
 C.H. 매킨토시 외 지음/이종수 옮김/값 5,000원
11. 존 넬슨 다비의 성경주석: 빌립보서
 존 넬슨 다비 지음/이종수 옮김/값 5,000원
12. 존 넬슨 다비의 히브리서 묵상
 존 넬슨 다비 지음/정병은 옮김/값 9,000원
13. 조지 커팅의 영적 자유
 조지 커팅 지음/이종수 옮김/값 4,000원
14. 윌리암 켈리의 해방의 체험
 윌리암 켈리 지음/이종수 옮김/값 3,000원
15. 존 넬슨 다비의 성경주석: 골로새서
 존 넬슨 다비 지음/이종수 옮김/값 7,000원

16. 구원 얻는 기도  
　　　　　　　　　　　　　　　　　　이종수 지음/값 5,000원
17. 영혼의 성화  
　　　　　　　　　　　프랭크 빈포드 호올 지음/이종수 옮김/값 1,000원
18. 당신은 진짜 거듭났는가?  
　　　　　　　　　　　　　아더 핑크 지음/박선희 옮김/값 4,500원
19. C.H. 매킨토시의 완전한 구원  
　　　　　　　　　　　C.H. 매킨토시 지음/이종수 옮김/값 4,600원
20. 존 넬슨 다비의 하나님의 뜻을 분별하는 법  
　　　　　　　　　　　　존 넬슨 다비 지음/이종수 옮김/값 1,000원
21. 존 넬슨 다비의 성경주석: 요한계시록  
　　　　　　　　　　　존 넬슨 다비 지음/이종수 옮김/값 10,000원
22. 주 안에 거하라  
　　　　　　해밀턴 스미스, 허드슨 테일러 지음/이종수 옮김/ 값 1,000원
23. C.H. 매킨토시의 하나님의 선물  
　　　　　　　　　　　C.H. 매킨토시 지음/이종수 옮김/값 4,000원
24. 존 넬슨 다비의 성경주석: 에베소서  
　　　　　　　　　　　　존 넬슨 다비 지음/이종수 옮김/값 8,000원
25. 존 넬슨 다비의 영적 해방  
　　　　　　　　　　　　존 넬슨 다비 지음/문영권 옮김/값 7,000원
26. 건강하고 행복한 그리스도인이 되는 법  
　　　　　　　어거스트 반 린, J. 드와이트 펜테코스트지음/ 값 1,000원
27. 존 넬슨 다비의 성경주석: 로마서  
　　　　　　　　　　　존 넬슨 다비 지음/문영권 옮김/값 12,000원
28. 존 넬슨 다비의 성화의 길  
　　　　　　　　　　　존 넬슨 다비 지음/이종수 옮김/값 4,500원
29. 기독교 신앙에 회의적인 사랑하는 나의 친구에게  
　　　　　　　　　　로버트 A. 래이드로 지음/박선희 옮김/값 5,000원
30. 이수원 선교사 이야기  
　　　　　　　　　　더글라스 나이스웬더 지음/이종수 옮김/값 5,000원
31. 체험을 위한 성령의 내주, 그리고 충만  
　　　　　　　　　　　　　조지 커팅 지음/이종수 옮김/값 4,500원

32. 존 넬슨 다비의 성경주석: 갈라디아서
존 넬슨 다비 지음/이종수 옮김/값 4,800원
33. 존 넬슨 다비의 성경주석: 요한서신서 · 유다서
존 넬슨 다비 지음/문영권 옮김/값 8,000원
34. 존 넬슨 다비의 성경주석: 데살로니가전 · 후서
존 넬슨 다비 지음/이종수 옮김/값 8,000원
35. 그리스도와의 연합과 구원(성경공부교재)
문영권 지음/값 2,500원
36. 그리스도와의 연합과 성화(성경공부교재)
문영권 지음/값 3,000원
37. 사도라 불린 영적 거장들
이종수 지음/값 7,000원
38. 당신은 진짜 하나님을 신뢰하는가
조지 뮬러 지음/ 이종수 옮김/값 4,500원
39. 그리스도와 연합된 천상적 교회가 가진 영광스러운 교회의
소망   존 넬슨 다비 지음/ 문영권 옮김/ 값 13,000원
40. 가나안 영적 전쟁과 하나님의 전신갑주
존 넬슨 다비 지음/ 이종수 옮김/ 값 2,000원
41. 죄 사함, 칭의 그리고 성화의 진리
고든 헨리 해이호우 지음/ 이종수 옮김/ 값 2,000원
42. 하나님을 찾는 지성인, 이것이 궁금하다!
김종만 지음/ 값 10,000원
43. 이것이 그리스도의 심판대이다
이종수 엮음/ 값 8,000원
44. 존 넬슨 다비의 성경주석: 마태복음
존 넬슨 다비 지음/이종수 옮김/값 16,000원
45. C.H. 매킨토시의 하나님에 관한 진실
C.H. 매킨토시 지음/이종수 옮김/값 1,000원
46. 존 넬슨 다비의 성경주석: 여호수아
존 넬슨 다비 지음/문영권 옮김/값 8,000원
47. 찰스 스탠리의 당신의 남편은 누구인가
찰스 스탠리 지음/이종수 옮김/값 4,000원

48. 존 넬슨 다비의 성령론
　　　　　　　　　　　존 넬슨 다비 지음/이종수 옮김/값 13,000원
49. 존 넬슨 다비의 영적 해방의 실제
　　　　　　　　　　　존 넬슨 다비 지음/이종수 옮김/값 5,000원
50. 존 넬슨 다비의 주요사상연구: 다비와 친구되기
　　　　　　　　　　　　　　　　　　문영권 지음/값 5,000원
51. 존 넬슨 다비의 죽음 이후 영혼의 상태
　　　　　　　　　　　존 넬슨 다비 지음/이종수 옮김/값 5,000원
52. 신학자 존 넬슨 다비 평전
　　　　　　　　　　　　　　　　　　이종수 지음/ 값 7,000원
53. 존 넬슨 다비의 요한복음 묵상
　　　　　　　　　　　존 넬슨 다비 지음/이종수 옮김/값 8,000원
54. 프레드릭 W. 그랜트의 영적 해방이란 무엇인가
　　　　　　　　　　프레드릭 W. 그랜트 지음/이종수 옮김/값 4,500원
55. 홍해와 요단강을 통해서 나타난 하나님의 구원
　　　　　　　　　　　　　월리암 켈리 지음/ 이종수 옮김/ 값 4,800원
56. 그리스도와의 연합을 위한 성령의 역사
　　　　　　　　　　　　　월리암 켈리 지음/ 이종수 옮김/ 값 19,000원
57. 누가, 그리스도인인가?
　　　　　　　　　　　시드니 롱 제이콥 지음/ 박영민 옮김/ 값 7,000원
58. 선교사가 결코 쓰지 않은 편지
　　　　　　　　　　　프레드릭 L. 코신 지음 / 이종수 옮김/ 값 9,000원
59. 사랑의 영성으로 성자의 삶을 살다간 로버트 채프만
　　　　　　　　　　　　　　프랭크 홈즈 지음 / 이종수 옮김/ 값 8,500원
60. 므비보셋, 룻, 그리고 욥 이야기
　　　　　　　　　　　　　　찰스 스탠리 지음 / 이종수 옮김/ 값 7,500원
61. 구원의 근본 진리
　　　　　　　　　　　　　에드워드 데넷 지음 / 이종수 옮김/ 값 6,500원

Originally published under the title of
"Fundamental Truths of Salvation"
by Edward Dennett
Copyright©Les Hodgett, Stem Publishing
7 Primrose Way, Cliffsend, Ramsgate, Kent, U.K.

Korean translation copyright
ⓒ 2013 by Brethren House, Korea
All rights reserved

구원의 근본 진리
ⓒ형제들의 집 2013

초판 발행 • 2013.11.22
지은이 • 에드워드 데넷
옮긴이 • 이 종 수
발행처 • 형제들의집
판권ⓒ형제들의집 2013
등록 제 7-313호(2006.2.6)
Cell. 010-9317-9103
홈페이지 http://brethrenhouse.co.kr
E-mail: asharp@empas.com
ISBN 978-89-93141-61-0 03230


＊값은 뒤표지에 있습니다.
＊잘못된 책은 바꿔드립니다.
＊서점공급처는 〈생명의말씀사〉입니다. 전화 (02) 3159-7979(영업부)